小鷹的幸福對話

蔡森然 著

推薦序　鄭文燦市長推薦阿森老師

各位華語文讀者們：

我和 Sam（蔡森然）認識將近二十年了，他比我小兩歲，在台北市教育界、政界以及商界的人脈有很多的重疊，第一次認識他是透過顏聖冠市議員的個人聚會場合。

Sam 中英文流利，政大畢業之後赴美取得碩士，現正在進修心理諮商研究所以及參與媒體社會評論。台灣須要有更多對社會人心了解的人，來參與政治評論，阿森老師從自己內心的世界、家人關係談到社會現象，展現新時代政論風格。

我稱呼他為「兄弟」、Sam 或森然，大家論政要像朋友兄弟一般，不要口水戰胡亂批判，祝福阿森老師，也祝福各位華語文的讀者。

桃園市市長　鄭文燦

自序　小鷹的故事

「小鷹」是我的兒子「淮恩」，「淮」是水鳥之意，淮河上空的水鳥。

鷹會飛在水上，我們全家在福岡的古河道上，看到一些美麗的鷹，有老鷹，也有小鷹。我們一直以為淮恩是公公來投胎，他行坐住臥，都有公公生前的習慣，公公生前負責空軍一號的安全，我兒子和我，負責全家三代的安全，他還小，我要加油，不僅給全家安全，自己要先安定安心，實踐幸福對話。

我爸爸（左圖中）的身份證上，寫著「六男」，前面有五個孩子都養不大死了，這位「六男」為保護阿公因此入獄服刑兩年，我是更生人之子，我父親在獄中結識了外省掛水泥業大老，開啟了「森成建材行」，才有我叔叔今天房產公會理事長的緣起。

阿公軟伯，因為個性及身形柔軟，常被欺負，是家族中惟二的女性化男生，我是另外一位。他和阿嬤養大了我爸和叔叔，還領養了一位「我的大伯」，而我的姑姑，送給別人家養，這個姓蔡的的家族，在台北市存在了幾百年了。

我媽從新店屈尺山上來城中唸書及就業，在我爸的建材行上班，變成了老闆娘，老公有了第二個家庭，是那一代男人少受教育，作為有錢人之後的「必然」，我呢？在控制中，我希望身心對話給太太及孩子幸福，重點是，我沒有錢。

一位沒錢的中年男子，寫這本書幹嘛？是想要參與帶動社會對話，讓媒體上有發言權的人，有新的動力，理性、感性以及幸福對話，國家如果要幸福，人民要會對話幸福。

選擇對話中的心理位置，是幸福對話所說的「界限」，我以一位作者的身份和各位對話，也以一位台灣人及華人的身份與您對話，有時我稱「我」，有時稱「我們」，有時稱「阿森」。

「我」在不同文字脈絡中，有不一樣的社會心理位置，在家庭中，我是爸爸、先生、兒子以及女婿；也是侄子、叔叔、舅舅、弟弟、哥哥、堂弟以及表弟等等。在社會上，我是一位華文作家，軟性政論參與者，公民對話者，主體意識支持者，改革軍教黑暗者，媒體人，網路名嘴，黨政參與者以及心理諮詢及社會企業實踐。這些心理位置，太多太複雜了，所以用字用語要小心謹慎但輕鬆自然。

「我們」在不同文字脈絡中，有不一樣的社會心理位置，在家庭中，我們是「STGW：Sam（我）、Tori（太太）、Grace（女兒）and Warren（兒子）」，有時把阿嬤算了進來，有時也涵括婆婆（外婆）及公公（外公）等等。在社會上，「我們」是指積極的進步派，以英新體制鄭家軍為試圖的論述。

選擇一個政治位置，是為了思辯及對話，被我標籤的人，包括我自己，有個疑問、辨正、反論、質疑、核對、澄清、感受以達到社會對話，最終前進的身心狀態，這是建構積極進步派的行動路線，也就是進步的鷹派。

人民安居樂業要有個幸福安定的國家社會，民主台灣允許人們透明自己的生活，面向社會作改革性的建議，迫使相關人一起對話，反對任何形式的暴力，「話語」是最重要的改革工具。

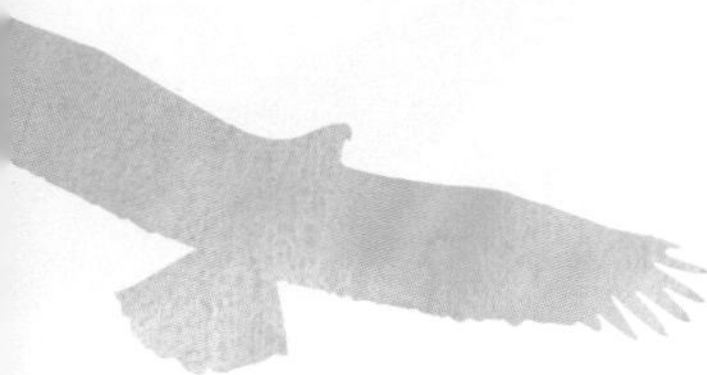

小鷹的姐姐珈恩，是彩虹鳥（如上圖），很愛唱歌跳舞演戲，畫畫創意奔放可愛。媽媽是隻身材曼妙的紅鶴，她是瑜珈老師，我們夫妻倆曾經一起經營過一家瑜珈館，叫作「珈恩館」，瑜珈的恩典，以女兒之名為店命名。

我們一家，是長輩們給我們的恩典，我要努力，將恩典傳承下去，家庭價值是台灣價值的核心，沒有家，哪有國？沒有孩子，哪像個家？

我家三代同堂，還有位阿嬤，七十五歲了，曾經有文山區的「媽祖婆」稱號，人稱萬祥里馮里長。馮里長獨自把三女一男扶養長大，我是單親家庭中最小的那一位，和馬英九一樣，都有三個姐姐。

我稱呼蔡英文總統為台灣「媽姐婆」，她是一位年輕的媽祖婆，所以叫作「媽姐婆」。蔡總統取消了新年講話，表現去除家父長的形式，但是華人社會，其實有女性掌家權的傳統，所謂有權勢的「姥姥」。日本人治理台灣之後，台灣人變得比較大男人，我叔叔常常鼓勵我作個男子漢（查埔人），就是要有氣魄有擔當之意，我不娘，但有點兒陰陽合體，馬英九和金溥聰都是。

我住在馬英九家附近，我們都讀過靜心小學，我兩個孩子也就讀靜心小學，傳承是有關教育及文化的傳承。台灣人不知道自己的根，是錯誤的傳承，我想要知道，我的阿嬤在日治時代的麵攤，在那條河的哪一邊？我想要知道，家門口曾有一大遍田地，那條街被稱為「美國街」，美軍駐台的台北，是何樣貌？台北的永樂町，是如何的樂法？台南以及台北，在日治時代，曾經是東亞的光榮，是如何地光榮呢？

小鷹的幸福對話

目錄

第一集　這輩子我第一次直播

我成為媒體社會的對話者阿森老師，以我心理諮商的學習，運用在社會現象的探討，我稱之為「幸福對話」。「小英鷹」是我建構的政論位置，幸福對話可以運用在國家、社會、公司、家庭以及個人的成長。

我設計了一套網路對話節目叫做「政客心理學」，第一個系列稱之為「小鷹的幸福對話」，未來還有兩個系列。

黑金政治應加速透明化

「黑金政治」是黑幫、金錢以及政治的結合，統促黨是個明顯的例子。

我在太陽花社會運動時，自稱「老憤青」，做為新形式的政治關懷者，跟大家一起探討黑金政治，其實金權不是重點，錢跟政治本來就會掛勾，所以要透明化金權關係，陽光法案實施這麼久了，執行成效如何？資本社會與政治人物、媒體、司法以及高等教

上圖後方，是一位美國實踐三一幸福學的企業家馬克休斯，他將健康、幸福和財富三合一的概念成功地溶入生活以及人際組織之中，是我效法的對象。

育的高度掛勾，是台灣的根結問題。

金權要法治化、透明化，本來資本社會的有錢人，就會想去支持政治選舉以自我保護，但不要傷害集體利益，該做的就去做。

我們不要唱高調，什麼終結黑金，我們要了解什麼叫做黑金政治，甚至黑金中的底層弱勢，要去幫助他，試圖導正合法，不是漂白。

政治人物跟這些人有瓜葛，要出面澄清，不然年輕人會害怕政治，覺得政治很黑，我們要讓政治愈來愈正向透明，大家勇於對話，勇於說真話，勇於行動。

什麼是黑、什麼是白？

你上網去看一段蠻震憾的對話，就是白狼大哥跟某位市議員對話，那時候台大有些學生被打，白狼大哥說打的好，當然有一些議員說這是黑道暴力，這大哥居然說，你們對「黑」做一個定義。

有些人說政客比黑道還黑耶，你居然罵我黑道，你們以前做了什麼事，這個新聞鬧完之後，對社會大眾也沒有一個清楚交代。

我把「恐懼」放在所謂「黑」或「民間武力」之中來看，社會運動的時候，有一些這種背景的人被放在裡面，比如說我的好朋友，他是知識份子統派的，他說打的好，這些年輕人如果連幾個老阿伯都怕，未來中共打過來，你怎麼獨立？也有那麼點道理，但我不贊成任何形式的暴力。

比較值得探討的是，不管哪一位議員或哪一位政治人物，所謂民選的叫作白道，就是公正人士，如果他有能力下指令或他旁邊的人有能力下指令去接觸到槍枝、暴力、武力以處理問題，這會蠻可怕的。台灣很多地方有民間武力的勢力，國外有一些地方也是，到底是黑是白？台灣的選舉，無關藍綠，事關黑白，是一場是非黑白的真實戰爭。

如果一個暴力組織涉及政治，這就有疑慮，我們仔細去看一個組織，其實也只是人構成的，也只是一個利益團體，比如某某兄弟會，跟台電工會，跟中華開發工會一樣，其實都是一個組織，有共同的利益。比較爭議的是，這個組織可以接觸到武力，他可以用令人恐懼的方式來達成他的目的，其實白道也會，不然怎麼會有尹清楓事件，之前還聽說李遠哲被白道的大人物恐嚇。

是不是我們要來一個正名運動，就是如果比較正派的黑幫，一些灰色地帶行業儘速合法化，讓類似保全業的正派兄弟來經營，何必讓民間需要這股力量來維持，我們洞察社會現象，透過對話，產生行動，也許您想了解一下台灣的黑幫是怎麼形成的？可是你要欠他一次人情，你就絞進去了。

以前我念的國中有二位學長，一位是知名導演拍了《艋舺》，一位就是那個電影裡面的主角，其實我們以前就聽過那些故事，他們家境也不錯，好像某某幫都是將官的小孩，如果他現在出生，可能變成什麼島國力量、時代力量，那時候出生，沒有這種路線讓他表現，只好相互保護，然後闖個天下，到最後來愛國，因為沒有空間發揮了，不是愛中國，就是愛台灣，這是一個社會現象。

翻轉與重建

介紹一本書，叫做《翻轉與重建》，一位我跟他學習過的宋文里老師翻譯的，這本書的副標，叫做《心理治療與社會重建》，讀這本書會發現很多心理專家的言論，有些是做臨床治療的，卻在談社會現象。

有個學派在德國，叫法蘭克福學派，在社會主義裡面很重要的新馬克斯主義，學派成員很多是學心理學、社會學的，他們不太關注腦神經生理，他們把人的心理現象跟社

體證幸福對話三階段

會現象做連結，比如說他們看集體潛意識，不是一個人的潛意識，而是強調人際系統。

本書作者之一席拉博士，其工作聚焦於各種社會體制的對話轉化，近年常主持後現代對話工作坊。另一位作者格根，國際知名的心理學家、後現代社會建構論的奠基者，主張解構心理學中的實證論，提議共同搭建美國學術的「新科學」。

我介紹這本書，與我自己這本《小鷹的幸福對話》息息相關，格根在很多書中寫到，作者以及對話者，除了以自己的社會位置來對話，可以聚焦在對話關係，相互轉換位置，協助不同位置的人，發表其內心的需求以及看法。

幸福對話有個步驟，先作現象觀察，就事論事，感受現象場中的情緒、想法、需求、權力以及利益，當現象中的能量滯結或結構明朗時，區分不同利益的社會心理位置，展開對話，互換角色，有點像是心理社會劇的實作。

我們觀察選舉活動，或者成為候選人或是去助選，是現象行動取向的。

哪些人當選？哪些人落選？又代表什麼樣的社會動力、利益及情感，造就了選舉的結果，透過對話，我們感受到不好的現象，例如黑金政治，要如何改變它？

中山大同區的古蹟與政治

中山大同區有很多美麗的歷史遺跡。中山北路的林蔭大道，市民大道以北，中山北路以及承德路這些大路，南京東西路，一路往西到淡水河、大稻埕這一帶，這些都是舊時代非常繁華的地方，據我知道蔡英文總統是在中山北路的麗晶酒店同址附近原婦產科出生。

台灣日治時代，這裡是很核心的政商人士居所，圓山飯店以前是日治時代的神社，中山南路往北面向神社，往西看總統府及商業區河港，以前淡水河、大稻埕、萬華這一帶很繁榮，隨著都市發展，有一部份比較沒落了。

林森南北路上，有些比較歡樂的特種行業，南京西路也有一些，中山北路這邊比較有高級住宅區，比較老外、菲律賓人、天主教徒的群聚區，大稻埕長老教會、馬偕醫院一帶加上蔡瑞月舞蹈紀念館等場域，又有不同的風情。

走在中山北路的林蔭大道上，遙望曾經是日治神社的圓山飯店，我父親是在那兒猝死的，而小英總統是在中山區的麗晶酒店同址出生。死與生不停地發生，不斷轉變、牽引你我的生命羅盤。

中山大同區的政治，除了紅白帖以及那把黑槍，也存留著珍貴的古蹟與人文。黑金政治，人為財死，鳥為食亡。柯Ｐ說，「政治不需要太肅殺。」這是真的，可是中美貿易大戰以及中台之間的衝突，我們看到很多政治中的嚴峻鬥爭與肅殺，不是一句「兩岸一家親」可以帶過的。

老爸，如果你還在的話，我們一起到頭城海邊走走，我知道你的靈識已經和我一起來了，我要告訴你，我有一個可愛的兒子，快三歲了，他也叫我老爸。

記得你以前會開車載我去山邊和海邊，你會告訴我很多心裡的話，或是一個人在岸邊放鬆聽海，我現在也在聽海，聽我內在的聲音，也在內心和你對話，有海浪的聲音，鳥叫聲，風聲和你我對話的聲音，謝謝你，對不起，請原諒我，我愛你老爸。

第二集　性別政治

介紹一本書，名叫《親密關係的轉變》，是英國社會心理學家吉登斯所著，這本書真的很不錯，翻譯的也很好，主題是親密關係在現代社會中的思辯與實作，親密關係指的是關係中的性與親近陪伴，和本集「性別政治」高度相關。

吉登斯觀念之省思

吉登斯這位思想家還健在，在英國也是名嘴，他在英國的地位絕對不亞於已故名嘴李敖在台灣的地位，他在英國曾經有人稱他為國師，跟布萊爾首相有很多合作，在倫敦政經學院有學術位置，這個學校蠻重要的，像蔡英文總統以及林飛帆，都在那個地方學習過。

倫敦有一些開放的國際政治訓練場域，很多國際性的政治領袖會在那個地方就讀，吉登斯是那邊的學者，台灣也有很多社會學家，尤其比較偏思辯左派路線的，會去強調吉登斯的思想。

這本書的校正者叫何春蕤，一位女性教授，她是女性主義中走在前面的，我記得多年前她講過，「只要性高潮不要性騷擾。」那個年代，講這種話是很聳動的，何老師是中央大學教授，引領女性自主，敢有性慾，但不要性騷擾，你要尊重女性身體，女性尊重自己的身體，現在這個觀念很普遍，但是在那個年代，何老師這樣講，嚇到很多人，她在社會運動中，用衛生棉的拋擲，成功地創造社會關注及省思。

吉登斯寫了很多性社會政治思想方面的著作，何老師幫忙翻譯這套書，巨流出版社的書系名稱叫做「性」，然後畫一個斜線／別，性／別，桃學。

我們華人講桃花，桃花就是你有一些異性緣，桃花會怎麼發展，我們看看這些政治人物，有些爛桃花，有些好桃花。

李敖的啟發和影響

李敖過世了，在台灣一九八〇以至二〇〇〇年代，是個媒體名嘴的代表性人物，不管你喜不喜歡他，他在我們台灣社會蠻有知名度的，對社會也有一些影響力，大家一起悼念他，把他的人生篇章，台灣媒體自由，做一個小句點。

英國媒體裡的一個悼文，標題是「饒富興味的一生」，興是高興的興，說這個人的一生很有意思。他住在敦化南路，我有時候會在路上遇到他，他晚年的時候身體不太好，常常會去有機店喝個精力湯，我的外省二代或三代好朋友們，都很喜歡李敖。

在大安路上有家餐廳叫「一沙一塵」，是素食佛教餐廳，他們都是信一個地藏協會的信仰，地藏學會的主持人在美國，以前在建中的時候，和李敖是同學，李敖對這個人有些評論。比如說，他認為佛教團體的領袖，因為信教延誤了病情，另外我看到一些李敖的評論，有些不太真實，比如曾經批判佛教內關中心，不確定那段文字是否真實他所著。

李敖這一生罵很多人，晚年比較沒有罵共產黨，也罵民進黨，也罵國民黨，很敢講、有料，對抗權威，另外有一些男女的事情也很有意思，跟胡茵夢小姐，還有他寫的文字曾經在諾貝爾文學獎裡被提名，饒富興味的一生，他走了，我做為一位算是弟弟或是晚輩，或是社會媒體觀察者，我說拜拜！

段宜康曾經評論李敖傷害民主，的確他講過傷害民主的話，比如以前香港在搞港獨的時候，我記得李敖說過，這樣子搞下去，大陸會血洗香港，這種協助大陸恐嚇香港的言論，的確傷害民主，不過我要反問，民主難道不能反省嗎？民主如果太民粹了，或者引發暴力，或者變成種族、族群間的情緒對立，是要反省的，我們要實踐真民主。

李敖真的很不簡單，未來希望你的嘴巴多造善業，少造惡業，祝您早生善處，來生再來演一齣好戲。不過後來他的女兒，對李敖處理家庭事務不是很滿意，但無論如何我還是祝福他。

文山大安區的政治觀察

我從出生就住在文山區，現在已經四十八歲了，我對這區有將近快五十年的了解，中間有出國，也有住過台北市其他地方，我的老家就是在這裡，我現在也還是住這裡。

台北市文山大安區市議員歐陽龍的選票超高，從政第一個重要的叫作知名度，如果你全沒有知名度，人們不知道如何去喜歡或討厭你，如

文山區景華街靠近景美夜市附近，有一家健康早餐店，老闆在門口養了一隻鸚鵡，你靠近它時，它會説「哈囉」，展開翅膀時寬大雄偉。老闆説，「鳥的飼養以及買賣，是大生意。」難怪新聞常有報導空運走私孵育鳥蛋。台北市各主要市場包括景美市場週遭，是很有興味的生活圈組成。

果你有知名度，即便你只是藝人，票很容易變很高，歐陽龍先生就是這樣的代表。

李慶元，本來新黨後來國民黨，上次二〇一六年代表泛綠選立委，二〇一八以無黨籍選議員，親民黨於本區未提名，或有合作，地方上對他的服務反應還不錯，只是政治立場換來換去，要如何有好位置來跟民眾對話，不確定。

王閔生，住我家對面，閩南語把他們這一帶居所叫做王厝，就是從一百年前姓王的，住在那一帶叫王厝，王閔生是民進黨蘇系，有年輕票。

簡舒培，真速配，民進黨在本區唯一女生，新潮流系，蠻年輕的，以前徐佳青的助理，非常優秀，二〇一八年選舉走親子暖性風格。

阮昭雄，以前選過一次立委，議員做好幾屆了，和姚文智同屬謝系。

李慶鋒，他在網站上以及過去的政治論述，感覺是支持婚姻平權的，他會標一個彩虹圖像，這社會符號彩虹表示支持同志婚姻。

國民黨王欣儀，做好幾任了，她文宣廣告是俠女穿寶藍色的劍道裝，二〇一八年西式劍道裝改為中國古裝女俠。

民進黨周柏雅，輩份很高，他從一九八九年起，至今二〇一八年，擔任了三十年的議員，擔任過副議長，二〇一八年若連任，作了三十四年的議員，應該是作最後一屆了，

出版專家貓娜拍攝北投市場的鳥「凱凱」。

我們感謝他。

陳錦祥，國民黨本土派。厲耿桂芳，她這一次退休了，請姪女耿葳出來。徐弘庭，當了一屆，這次應該會連任，連勝文的好朋友，有人把他叫連家軍，後來各自靠實力定位。陳彥伯比較有趣，因為有緋聞，新黨的。

其實大安文山是泛藍的大本營，軍公教非常非常的多，海巡署、軍法局、考試院、世新大學、台大、師大、師大分部、政大、景美女中、各國中高中小學等等，以前我在政大念書，很多老師都是新黨的，我在大四的女友也是新黨的，她後來作了魏憶龍的助理。

我在大學就讀時，趙少康、陳水扁跟黃大洲在競選市長，政大一片黃旗，那一波過後，很多人對新黨失望，主席大作生意，有的不碰政治了。那時候的新黨跟幾年前的太陽花運動，熱情很像，訴求不一樣，新黨對國民黨失望，太陽花是反馬及反中的新世代集結。

副主委對女生拍照

國發會有位副主委，長相乖乖的，學經歷都很好，在公眾場合，看到美麗的女子，好像是大腿吧，還是哪個部位?可能有一些身心慾望或是什麼，忍不住就把人家拍下來，還被對方發現，他很誠實的被人家檢查還看到，然後叫他刪掉，這媒體沒有討論很多，因為他辭職了。

我周遭有一些人，像我母親會問，這個人怎麼這樣？我剛好是學心理諮商的，對這種事情有一些不太一樣的看法，不只是說這個人壓抑而已，如果從社會心理學的角度來看，一個位居高位的，算是一個學者，有家庭有小孩，看到他喜歡的女性形象的肢體，沒有去碰觸，他只是照，這是不對的，沒有經過人家同意去照任何人，很明確的照出局部或全部，或者是有臉，都要經過人家同意才可以，當然照一群人或者大面積模糊的照，看不出任何一個人臉，是否需要這群人同意？

不一定，好像不用，可是如果能夠辨識出某一個是私領域的，比如說一個公司行號，或者是一個住家的外觀，或某個學校名稱等等，也許會侵犯到一些隱私或肖像，或是所有權的問題。隱私權或男女間的性，可以深入去探討，「性能量」及「隱私保護」是社會上很重要的動能。

侯友宜的文大房產，事關建築行政，行政法規的執行，政治味很重，司法味比較低。因為行政權的上層就是政治領袖，政治領袖可以直接影響行政法的操作，法律不能改，但是操作及判斷可以拿捏，我自己跑過一次，教育行政的申訴，很政治。

隱私在行政法裡面操作，也是政治攻防。

社會大部分人，不管男性女性，對性這件事，了解都不夠，我認為北歐做得很好。人們對自己的性需求與性關係的成熟度很夠，台灣這方面的教育及文化仍然不夠成熟，不管小學或中學，性平教育只強調性別平等，那是從公民社會權利的觀點，如果我們從身心健康的觀點來講性教育，又是兩回事，我們凡事太快講權利，很容易傷害關係。

人際間溝通，動不動就講權利正義，很刺耳，就開始鬥爭，這是民粹，很多反民粹的人，口口聲聲權利跟正義，其實自己在操縱民粹，因為權利的本質，大部分人都講不清楚，我們在對話的時候，還不如回到關係，人跟人的關係，群體跟群體的關係，感受群體的情緒、想法及利益，把利益講清楚，感受講清楚，群體的利益如何劃分，我把它稱為「利益溝通單元」。

美國的非暴力溝通是心理師創立的社會對話方法，我想實踐及推廣到政論媒體，如何在社會事件中，透過對話，感受現象、情緒、想法以及需求，看出群體的社會心理位置，怎麼劃分利益？不同的黨派利益、職業利益，很多種複合的劃分方法，區分出不同的社會心理位置，媒體評論者，不必然需要中立，要清楚自己的位子，引發不同位置的理性對話。

年改是一個很重要的社會戲劇，軍公教已退休、軍公教高階、軍公教中低階、非軍公教、國民黨、民進黨、小英以及各民選政治人物在年改大戲中，各有不同的社會利益位置。

國發會副主委的事情是性議題，我想到童仲彥，中正萬華市議員，推廣性專區，家暴不可以原諒，雖然他道歉懺悔，他的社會形象已經很糟，也許再想一個好方式來讓社會大眾感受到他的懺悔，甚至對被傷害者的彌補，最好被他傷害的這些人，正式向社會說，已接受這樣的道歉，形象比較能止跌回升，二〇一八年他退選了，試圖移票給柯家軍徐立信。

有關性專區議題，很多民權工作者講「妓權」（妓女的權利），也就是性工作者的權利，人對自己身體在某種程度上，有其自主權，尤其在一定年齡以上，這是一個基本假設，需要論述鞏固，天賦人權是空話，人權是人賦予的，是人透過對話合作建構出來的，集體概念透過法律、公民社會各種制度去穩固權利，天沒辦法賦予人權，人賦人權，人透過互相對話，甚至與上天連接，每一個人都可以號稱跟真理連接，真理就是上天，真善美就是天的代表，每一個人都可以號稱他跟天（真善美）連接，人跟人之間透過對話賦予人權，天無法賦予人權，人賦予人的權利。

性工作權以及身體自主權，值得細細思辯，這是一個性工作專區推動的基本理論架構，社會問題發展了一個論述，比如說有些人認為性交易在嚴控之下合法，可以降低犯罪率，這是有可能的，當然可以用很多科學論述，去說明沒有實證報告，我覺得重點在嚴謹廣泛深度的社會對話，然後訂立規範。

性工作合法，如果規範的好，對誰有利？對誰不利？有些女性會覺得這不好，老公或男朋友可能去買春或者交女朋友什麼的，她不要這種事發生，或者有些人覺得，妓女這種傳染性病，或者破壞人家家庭等等，有很多負面的可能，但也有很多正面的可能。

先進國家對這些有很廣泛的討論，促進發展經濟，讓弱勢貧窮的人脫貧比較快，讓有性需求的人，有比較合法健康的疏解管道，國發會副主委其實不需要性交易，是需要性諮商，我有一位朋友及老師，輔大心理系曾寶瑩博士，她是性諮商專家，大家上網去查查，性治療以及性諮商，就是教人們如何滿足自己的性生活，或是伴侶之間相互滿足。

有些人需要性交易服務，有些人想要成為性工作者，社會是否應予保障以及給予合法生存空間？

童仲彥在推廣這件事，我認為不適合男性議員來提，最好是女性議員配合，因為男性議員提，人家會覺得說你在爭取自己的福利，並不是真正保障弱勢，我認為所有的提案、社會運動、還有政治資源，要放在保障弱勢，弱勢不一定是少數，如果你是男性，而且看起來是強者來提這個案，人家不覺得你是保障弱勢，最好帶一些有知識的女性，然後還有弱勢，討論出一個對整體的幫助，甚至促進經濟，這是最理想的，全面照顧該照顧的人，然後讓反對的聲音以及反對者的論點，能夠清楚的被說明，讓壞處降到最低，這是社會對話。

觀察性別政治的趣味

年輕人可能知道有一對女同志要參選，時代力量一位，社民黨一位，女同志其實很少公開，台灣這幾年，尤其社民黨女同志欣潔還有另外一位，她們公開，國外也有同志政治人物參選。

時力在台北，由林昶佐立委主導資源，帶幾位女生如亮君、穎孟，以及男生如吳崢、蕭新晟等等，強調形象清新，黃國昌的特色在新北市，會吸引什麼樣的票?苗博雅的特色比較強，他吸什麼樣的票?文山大安區，有這麼多年輕票嗎?

陳彥伯有個緋聞和已婚公部門女性接觸，但他很誠懇地在媒體上說，他喜歡上太太以外的人，他承認有外遇，旁邊有一位女記者的表情愕然，居然你毫不掩飾地就這樣承認，我不確定這會不會影響到他的選票。

我想要探討的是，政治人物的婚姻關係不滿足或者有問題，外遇情事應該要如何被民眾檢視，像法國選民非常開放，有時候把這些事情茶餘飯後聊天而已，不會影響其政治支持，美國比較保守，很多美國人會覺得如果有這樣的行為是很嚴重的，違反基督教精神之類的。

如果選民有百分之十非常支持婚姻平權，種種議題裡面，婚姻平權放在最高點，他可能支持李慶鋒、博雅或穎孟。簡舒培的媽媽健康形象。歐陽龍及其太太、還有小孩們，大家都像藝人，給人中上階層優雅的感覺，性別政治給選民什麼樣的感受，我們投射內心的家庭基模，看到歐陽龍是好爸爸以及好先生。

普亭在俄羅斯又連任總理了，他跟太太離婚，前妻公開發言協議離婚，事實上也沒有辦法罵老公普亭，因為他是一國之尊。普亭在媒體上，曾裸露上半身騎馬，會摔柔道，這種男性形象，歐巴馬也會，馬英九也會，我看過一些姐姐選民，跟馬英九兩性互動的眼神，她們很喜歡馬英九，這是性別跟政治的一種關係。

你可以想像法國的馬克宏，非常年輕三十幾歲，娶了年紀比他大的女生，很恩愛。我聽到很多女性朋友說這個男人真的不錯，因為很多女生覺得，男人都是在女人年輕鮮肉的時候喜歡，等老了為家庭付出了這麼多變成老肉了，就不要了，很多女人會覺得愛情不可靠，沒想到法國一位總統，示範了無論女人是鮮是老都一樣的愛情，潛意識中對馬克宏產生了好感，女性因此喜歡馬克宏，這是性別在選舉政治中扮演了動力。

蔡英文總統單身，都會裝扮，呂秀蓮也是單身，吳思瑤是新潮流的立委，她曾在媒體上說，我的選民會說「我需要」（吳思瑤的台語諧音），有一點挑逗男女之間的感受，有一次她在媒體上放一根香蕉在嘴巴前面，好玩嘛！有一位國民黨的政治人員說，妳這樣好噁心哦！她笑一笑。我覺得吳思瑤在性別政治掌握恰當，叫正桃花。

時代變化下的男男女女與角色

我小時候參加家族聚會，一位姐姐帶她的男朋友來，手牽手，事後我一位長輩罵她牽什麼手，如果今天就不會，帶男朋友來，大家都成年人牽個手會怎麼樣，但是在那個年代，會有這種女生就要怎樣，男生就要怎樣的社會主流看法。

一位長輩鼓勵我像查埔郎（男子漢），其實我以前女靈能量挺強的，我阿嬤說我查某體，男生女相，是以前啦，現在比較陽剛，我一位長輩很愛說查甫郎該如何如何，就是男子漢該如何如何，男性父權社會有個文化模組，賣「陽剛」，賣「雄邁」。

印度女性著實被壓迫，怎麼會有女權處於那樣的位置，哥哥把一位比較自由風格的妹妹殺了，我覺得印度很不可思議。其實被壓迫的也不一定是女性，像我在上海的時候，發現那邊男生很可憐，女生用上海話講說「很捉」（刁蠻），男生被搞得，錢也是男生出，還要掃地和洗碗，性別文化跟他所處社會，會有一些權力制約。

我們透過吉登斯的思想，或是一些選舉運動、社會運動，我們想一下兩性在社會上的權力位置，是不是可以更開放，不是性解放的意思，而是我們被制約的性概念，有沒有可能是我們傳統社會的主流，要控制社會的一種文化強壓，也許可以讓女性，或某一種弱勢，有更多發言權，社會的自主性就會流動起來。

每一位政治人物，比如陳文茜，蔻蔻姐她們，女性單身，都有一些情史。有些人結婚後，還是會被人家用放大鏡去看，我們先不要把它當做緋聞，社會大家關心自己的私生活，公眾人物會被我們投射心中所關心的事，不要隨便傷害別人，或不了解的時候，就給價值評判，社會還蠻常這樣子的。

正義魔人的真假

有一位藝人被女朋友說他性侵，被發現是假的，弱勢要被支持但有時候太誇張地扮演弱勢，要被看穿看破，我們不要做正義魔人，社會上常常會說挺弱勢，很多人在媒體上搶積分，看到有人好像被欺負，就跳出來主持正義，受害者跟你所講的情境不相關，你只是在那裡搶一個正義魔人的積分。

這種現象，尤其在媒體界、藝人界、政治界以及教育界，為了保護自己，任何人若不在第一時間挺弱勢會被打，所以大家都會挺弱勢，我們會很注意弱勢在哪裡，但你發現那一些炒作性的弱勢，其實弱勢都沒有講話，都是媒體人搶積分，性別及各類階級在這裡面最容易發生，男生欺負女生，有錢人欺負窮人，老闆欺負員工，老師欺負學生，上司欺負部屬，鬥爭的時候，性議題第一個被炒作。

比如說以前日本沖繩想要反美軍，就說老美強奸日本女生，整個輿論譁然，抗議過程搞不清楚真相，很多統戰鬥爭，專找性醜聞或性怪癖，這是社會現象，我們網民或是做媒體觀察，不要跟著跑，把性別文化找重點撥開來看，才是上上策。

我和太太坐在草地上談事情，但是有時夫妻之間的事，不要攤在陽光下。女生喜歡向她的男人暗示一些約會場域及方式，男人總是接收不良，直到精蟲衝腦時才覺得另一半總是那麼被動。

男人的床第之事，對很多女人而言是餐桌之事、電影之事以及賞畫之事。女生是希望前戲較多嗎？應該不是，女人認為男女關係的主題，是一起做有感覺的事，至於脱光了就上，檔次不夠、誠意不足。有些女性，也會來個慾火中燒，所謂被發動了，男人最好乖乖配合，不要「硬」不起來，掃興。總之夫妻間的性事，是月光下的共舞，要心知肚明，不要踩到對方的腳，拉到對方的裙子。

有些事情，像是生兒育女的計畫，可要攤在陽光下理性規劃。至於家中的「錢」，總是有些罩門以及小氣，每個人花錢的價值觀不太一樣，不要搓破對方的「執著」，人都會有一些執著的。

在月光下的雙人舞，不講話時比講話更能用身體感官去體會，雙方真的要的是什麼，有時是一些自我空間，或者「安全感」。雙方在互動時的身心狀態，「不言」比「言」更能相互感受，當我們感受到不言中的情緒流動，也許需求及其相對應的行動便很明顯了，多説無益。行動是愛的最佳展現，多説無益，月光下的事，不要攤在陽光下。

第三集　台北市的政黨政治

介紹一本書《青年路德》，由輔大已退修教授丁興祥監督翻譯完成，作者是艾利克森，他是很有名的心理學家，佛洛伊德的弟子，他最著名的理論是有關社會心理的「發展」，《青年路德》這本書在專業領域中，我們稱之為「心理傳記」。

路德是基督教創始人，他把原有天主教的一些教義和實踐風格，做了一些改變，艾利克森用心理學觀點，觀察路德與父親、與上帝之間的關係，以及整個成長過程中，有關自我實現過程的父親認同、職業認同、宗教與信仰認同，他經過很多自我掙扎，更改了天主教原有的實踐原則，甚至對天主教的彌撒做了挑戰，是本關於「認同」的經典傳記。

用心理傳記看政黨政治

《青年路德》一書的精神跟我們今天要講的政黨政治是有關係的，每一位選民在成長的過程中，會接收到不同的社會政治與選舉訊息，漸漸產生了對各政黨的印象，好像

我們使用手機的過程，對蘋果、華碩以及三星形成了不同的認同，這種認同，如果擴大解讀，就是政黨在選民心中的品牌。

打個比方，有趣的基進黨號稱側翼，是左派側翼台獨路線，我觀察過這個政黨，上次喜樂島聯盟在台大醫院國際會議中心的場子，他們有鮮明的團體識別系統，每一位候選人都很年輕，大部份講台語，穿著打扮以及身型都有一致性。

台北市的政黨很少走這種台語文化風格，除了台聯黨以及段宜康在基層演講以外，很少在公開場合全部講台語，基進黨有這種風格，最近有些改變。我們在觀察一個政黨，他們的穿著以及語言，可以感受到它的定位，選民的「認同」與「不認同」，便是在這種感官互動之下，漸漸產生。

一面青天白日滿地紅的國旗，對某些人，會激起他的集體意識以及愛國情操，對某些人，可能是代表一種壓迫或者外來政權的印象，「中華民國」這四個字亦然。喜歡國旗的，不要忘記它曾經是「加害者」，討厭它的，不能抹殺它曾經陪著我們走過七十個年頭。

台北市民進黨的基層對話，大部份講台語，上台講話的人，多講國語。

社民黨在中正萬華提名了一位年輕的助理，士林北投推了一位外交人員，都有一定的團體識別，就是年輕以及學歷不錯，個人特色強，但知名度不夠。

時代力量的黨性以及政治社會的衝撞形象較強，很多新興政黨要搶所謂第三勢力的票源，可以粗分為藍色第三勢力以及偏綠第三勢力，前者如新黨、親民黨以及民國黨，也有人認為社民黨其實不是那麼本省人本土，所以也許會有些人將親民黨、社民黨以及肯定兩岸一家親的時力混淆。時代力量有點兒新台聯黨的味道。

我介紹有關路德的書，他是位偉大的宗教思想家，我們每一個人也都是一位偉大的生活家，你的生命中，要認同什麼樣的真實，認同什麼樣的宗教，認同什麼樣的政黨，認同什麼樣的生活風格？我們說，政治是為了美好的生活。

吉登斯說，「政治已走到了人生政治的階段。」

不分省籍文化新台灣人相互扶持

本省人領導外省人也好，或是說本省人意識形態領導外省人也好，只要能讓台灣進步和生活過的好，都可以接受，包容不同的文化、語言以及相互扶持的多元社群，是台灣公民社會的基礎。

以中原中土為中心的思考，郝柏村曾說過，「新黨是真正的國民黨。」從意識形態來看，因為他以前在黃埔軍校畢業來台，這批蔣介石國民黨路線，認為李登輝已經改變了國民黨本意，所以黃復興以及連戰主導了開除李登輝的大戲。

親民黨在很多的場合，跟本土政黨高度合作，宋楚瑜代表蔡英文參與大陸及國際事務，之前聽說李登輝的一位重要關係人想要組織一個政團，民視的董事長倡導喜樂島聯盟，我認為他是台獨或商界人士中，很受到敬重的政治家，團結台獨包括時代力量、社民黨、基進黨，而民進黨切割獨派，民國黨又在幹嘛呢？

民國黨給大家的印象，妙禪的師父妙天，和他的一位弟子徐欣瑩在新竹參選縣長，他們創立的黨綱，希望政黨不要惡鬥，他們第一次選的時候，我在台北喝咖啡，會被其黨員或是信眾拉票，動員力真的蠻強的。

民國黨資源及人脈，相關人在路上或咖啡廳會動員起來，組織力在台北及新竹很強，值得觀察，他們不必然以宗教強加選民，可是你如果對佛法有好感，可能會覺得民國黨是你想要親近的政治團體，有一些人可能因為更深入佛法而排斥它，甚至有些人覺得這個叫「附佛外道」，在破壞佛法。

我們把政黨當做一個品牌，好像買手機問老闆，「你們這家店有什麼牌子？」我們有蘋果手機，這品牌很明顯，政黨品牌無形中也在選民心中建立深刻印象。

臉友小英妹同意我用她的繪圖如上圖，我的書名本來用《小英鷹的幸福對話》，引來不少質疑，我改為《小鷹的幸福對話》，強化親子對話，淡化支持小英的色彩，聽說中南部反對小英的聲音很大，不過，請看我鐘擺效應那一集直播及文字，我認為小英會如同小九一樣連任至第二屆的。

蔡英文路線

蔡總統某種程度改變了民進黨，這不是我說的，是新潮流的大老說，「蔡英文不像民進黨的人。」其實小英若很像民進黨的人，對於民進黨也沒什麼利用價值，正因為蔡總統不太像民進黨的人，所以請她入黨，給她一些培養，當上了總統，民進黨整個版塊才有往中間靠攏的機會。

二〇一六年總統選舉，蔡英文的票鑾高的，很多中間選民以前認同國民黨，或是本土派，或是知性綠營，這些人把蔡英文總統的票衝高。

民進黨員對民進黨的不滿，某種程度是對蔡英文的不滿，可是她是女生，

不好意思罵她，黨員就說她很軟弱，我認為這不是軟弱，而是政黨及其領導的政治生命正在融合，好像一個手機品牌，會隨著它不同的主要產品，而產生質變。

李登輝曾經是國民黨的總統，剛上任的時候位置不穩，所以必須宣示國統綱領，非主流的人在他旁邊，都佔有很重要的位置，他是一位虛位的國民黨總統，等他站穩了，有自己的人馬，李登輝改變了國民黨，等他退位時，原有的勢力不滿意他的路線，或者是因為利益衝突，把李登輝趕出去，他在台灣人心中有一定的位置。

台聯把他拱做精神領袖，不同的政治勢力包含民進黨員，很多人都認為李登輝在各選舉中，常常輕鬆地站在制高點，講兩句話，引導著某些政治路線。政黨跟著政治人物的論述，在言行共構中，不斷地演進，台北市是最明顯最有趣的，人口的比例外省族群較多，本省族群跟外省族群的合作密切，不像中南部對二二八的看法明顯對立，北中部大城市跟台北市的省籍融合文化也有點像。

就外交而言，蔡英文過境美國後的中美台對話，很值得玩味，美國是大方向印太戰略看台灣，不會評論地方選舉，台北市以選民為核心決定未來，選民受到其教育背景、生活環境以及媒體影響，所以教育文化及媒體政治，是台灣社會中最重要的一環。

如何在自己的政治生活中，看到不同候選人的不同言行，感受到政治人物選上的時候，對我們是否有利，請多用理性靜心洞察，千萬不要盲目。

素人掘起

網紅呱吉，把名字改為邱議員又改回來，他還蠻會行銷的，知名度夠，若選上之後，會影響到誰的票？大部份是年輕票，吳峥的票會不會下降？基進黨的票是年輕的嗎？該政黨是年輕台獨左派主張，會不會有一些年長的台獨人士也支持它？選上了才算，不然這些政黨還只是來玩一玩，這些票最終會被大黨吸走。聽說郭倍宏董事長和基進黨合作，爭取不分區立委能有喜樂島人士進入體制。

當新的版圖被馬王政爭、太陽花以及柯P現象建構完成後，第三勢力人士如果選上了是你的，續任時，大黨不見得讓給小黨，若沒選上，票就是兩大黨的，政黨間大小黨競合侵壓關係，和企業界搶市場有一點兒像，國民黨家大業大一直被瓜分，到現在還是很難突破。

親密關係以及政治關係的轉變

《親密關係的轉變》說現代政治走到了人生政治。

政黨認同在過去，以其政治見解及人脈作為區辨標識，現在政治人物的形象以及生活風格，決定了選民大部份的認同，以及不認同，生活政治已經在台灣發生了。

台北很明顯，你會看到候選人展現生活風格，你在投票蓋章時，因為喜歡以及認同這樣的生活風格，也許是宗教、家庭、安居樂業或者自由的風格，政黨與政治人物的生活風格搭配，是現代政治的特色。

有些網紅展現生活，有些人喜歡，喜歡他很樸素很直白，自己就品牌。台灣的政黨品牌，你選擇那一個？

沒有家，哪有國？沒有孩子，哪像個家？

第四集　心靈政治

有本書叫《心靈政治》，作者珍妮羅伯斯是美國一九六〇、七〇年代的新時代運動主要人士。當時美國知識份子流行用理性現象詮釋東方哲理，以新的觀點審視通靈以及美國文化，也就是說，作者是一位通靈師。

賽斯思想

珍妮和先生以及小團體，把通靈現象記錄成書、錄音帶以及錄影帶，坊間稱它為賽斯書，其中有一本書名《心靈政治》很吸引人，它在說我們所經驗的、所感受到的世界現象，沒有外在客觀的實體，只有人類心靈的覺察和投射，集體心靈有其結構及政治。

珍妮另外一本很有名的英文書《威廉詹姆斯的死後日記》，書中記錄她接通了美國一位有名的心理學家，對當今世界現象例如核子彈的「死後」看法。威廉詹姆斯生前寫了一本宗教心理學領域的經典，書名叫做《宗教經驗之種種》，無論是基督教或者是佛教，

宗教本質不是組織中權力的運作，而是信仰者的經驗現象，他不針對教義作深入剖析，而是去看聖徒體會了什麼？有些人覺得這些經驗和精神病患的體會很像。

台灣有一位精神科醫師叫許添盛，他在推廣珍妮通靈所譯出的賽斯思想，該組織的標語叫作「信念創造實相」，整部賽斯書就是這麼一個精神，我們的心創造了經驗的實相。佛法說，「心如工畫師，人造諸世間。」

到底心靈、宗教跟政治有什麼關係？從古至今，宗教一直和政治有關，因為宗教是很多人民生活的核心信念，幸福對話避免採取批判立場，而是採取現象觀察、體驗與對話的立場，正向建構身心靈健康的基礎。

奧修思想

還有一位名為奧修的印度人，取得哲學博士後在大學教書，後來到美國弘法，也是一九七〇、八〇年代知名的世界級靈性領袖，他沒有自創一個教派，今天所謂奧修門徒，甚至在印度以他為名的大學，在他死前最後很多次的談話，否定奧修派的建構。

奧修的書《權力》，說完全的自由代表完全的責任，有人想過這件事嗎？我們這麼推廣自由，享受自由是要會負責的，如果我們對要負什麼責任都不太清楚，要如何享有自由呢?一旦我們心靈信念改變了,我們所經驗的世界也會跟著變。

奧修不鼓勵革命,鼓勵叛逆的靈魂,革命是有組織的階級鬥爭,叛逆的靈魂是對自己心靈,以及社會現象做辨正與行動,讓身心靈由內而外轉化,身邊的小團體會成長轉化,引發正向的力量,從社區的底層心靈開始。

我覺得奧修思想有一點像是賽斯思想的實踐版。賽斯思想的理論是我們的心創造了這個世界,奧修思想則說,我們如何去創造及改變自己,同時改變了世界。當我們接觸到這麼多不同的信念,不管是政治信念或者最終碰到了一些宗教信念,仔細去觀察所有的政治現象,其實跟宗教現象很像。

我甚至把這樣的現象用催眠來比喻,比如我現在跟你講話,可以練習催眠,你可以練習被催眠,這相互放鬆與專注,即是「催眠」,也許透過我的眼神、手語、語調、文字,我們相互慢慢進入了互相信任以及依附的狀態。

很多政治現象以及宗教現象,跟催眠現象很類似,這不是要抵損宗教跟政治,單純只是一個社會觀察,我看過許信良和台灣密宗老師盧勝彥的對話,其中說到宗教家與政治家很像。

早期鼓吹革命信念的人,要看透生死,宗教家也是一樣,回教徒打聖戰,相信死後可以回到阿拉的世界，是很神聖的戰役，如果有機會去讀印度名著薄伽梵歌，它是戰爭心靈史詩，也是印度靈修經典，體會到宗教徒對於生命本質的永生價值，可以戰死，有一個超越的力量支持，這就是宗教的力量。

台灣雖然沒有戰爭，但面對中國的威脅，人民在生活中，還是會以一組信念來引導，不管是基督徒假日去教會，或者是喜歡禪修靜坐，天主教團體的彌撒，一旦團體形成，如果有財產、組織及權力，勢必政治會溶入宗教。

對話聚焦很重要　不民粹

最近台灣倡導宗教團體納入財團法人管理，財團法人管理比較有公信力，反對宗教列入財團法人管理的人，有一些顧慮，但這些顧慮其實是可以去避免及修正的。

宗教團體財團法人化議題，媒體及社會觀察者，不要太快站上自己的政治或利益立場，我們先去看對話中的各環節事實，是否被正確地呈現，不要急著煽動或陷入情緒，不要急著跟隨老闆的立場或者選民的立場，這是民粹。以前民進黨很民粹，現在國民黨也一樣。反軍公教、反年改、反宗教團體財團法人化，是掠奪嗎？喊口號煽動對立，便是民粹。

公民透過各種方式，包括我自己在網路媒體的路線，讓大家靜下來洞察社會現象，比如說日本核災食物，到底要不要進口？事實上有幾個關鍵資訊跟問題，比方說世界上重要的先進國家有沒有進口？

我聽到兩種版本，一種說只有台灣跟中國沒有進口，核災食物有很多種，我們只要知道日本核災食物中最重要的十種，美國有沒有進口？英國有沒有進口？如果他們有，我們為什麼不能進口，如果他們沒有，我們為什麼要進口，這個資訊在媒體討論的初期是沒有曝光的，很模糊。日本核災地區的食物進口，這件事情被民粹化了，廢核以及廢死議題也被民粹化了。

比如說寺廟建築在山坡地上的問題，要找議員及立委了解一下，或者是要蓋靈骨塔時，有很多法律、政治及利益在裡面，組織的財產增加是否有稅的問題？

慈濟在內湖，因為土地開發的事情鬧得沸沸揚揚，有一些出家人比較基進，不覺得宗教應該躲起來，而是面對社會、參與社會事務的辯正。可是穿著袈裟，我個人覺得比較爭議。也許是受到我佛法老師的影響，我覺得出來社會辯論最好不要穿袈裟，可能比較符合其社會位置，因為袈裟代表神的使者，袈裟、佛子，你已經有個卍字號在那邊，在處理老百姓的權利、利益、民生、土地、執照，甚至一些情感的是是非非，應該不太

適合，這在佛制戒律中，可以找到呼應。在家人不應評論出家人，公民社會的對話者，人人平等，在家居士應該協助師父們處理世間事務，師父們專注於世出事務的教學，所謂世出世間，而非入世與出世。

我覺得宗教徒可以參與政治，而且應該積極參與政治事務，日本的創價協會便是一個範例。要建立一個幸福國，若在死後才能見到，那沒什麼意思。所以印順導師，一位很特殊很有影響力的佛教大師，他把整個佛教從未來世帶到現世的人間，我們現在生活的地方，要創造一個淨土，心淨則佛土淨，不僅心淨佛土淨，我們要用行動，創造我們所在空間的幸福，這是很偉大的宗教改變。

核能發電長期而言要停止，可是什麼時候停，不要講不清楚就煽動。癈死長期而言要作，正名公投、同婚以及醫用大麻合法都是自由民主的終極呈現，但現實上要說清楚步驟，推廣民主從理性正向的對話開始，我稱之為「幸福對話」。

宗教和政治的合作關係

路德把天主教重要的基本路線改變，佛教的印順導師也是，慈濟也是這種路線的傳人，法鼓山也講到人間佛教，台灣四大山頭：法鼓山、佛光山、中台禪寺以及慈濟，都是人間佛教的傳人。

法鼓山比較政治中立，只有在政治對立時，聖嚴師父會出來講一些和諧的話，但對大陸而言，他們覺得法鼓山不中立，為什麼？它有一個漢藏交流中心，這個「藏」就是西藏的藏，後面的領袖就是達賴拉嘛，中國對達賴拉嘛是無孔不入地進行政治鬥爭。

中國是以黨領政，黨是思想也是軍事也是政治的領導，不管你是商業或是宗教，所有都納入我黨力量的掌控之下，所以中國共產黨覺得達賴搞分裂，就在全世界去搞他。

阿森 2005 年在日本高野山參訪。

我們台灣的法鼓山有一個漢藏交流中心，因此跟中國有了一點距離，宗教跟政治其實很難分離，因為宗教影響人心，大政治家知道人心是政治的基礎，所以政治人物一定會去觀察人心，是如何被醞釀製造的，不管各類宗教，生活化及世俗化之後，就會接觸到生活中的政治。日常法師的法人中心，傳給了中國籍的修行人，其信徒是否會陷入無法主張台獨的困境？

大部份政治人物不刻意在宗教上選邊，但自己生活裡，很多政治人物是很宗教的，像菊姐花媽在她書裡講到佛法經典，吳伯雄先生會去佛光山，以前雷根總統的太太南茜搞星相，被人家罵到臭頭，陳水扁前總統被一位算塔羅牌的「女生」騙了，給民眾很負面的印象。宗教是中性的，端看宗教徒如何去實踐。

基督徒李登輝常引用美好的聖經章句，長老教會的政治參與，是親本土的意識，政治是一種親土地的力量，不是因為要鞏固勢力，社會對話的重要焦點之一，就是宗教、政治、靈性，他們之間有什麼關係？

宗教觸碰人類存在性的議題，出生、死亡以及未知，我們面對存有中的苦，是否有一個終極的幸福，不管是否為宗教幸福，生命成長過程中，我們都曾經會有過這個層次的疑問。

淮恩是不是公公來投胎？秋婷說，「那天我測他，問他想不想揹姐姐，他說要，衝去姐姐那兒給姐姐揹。」公公癌末生前，仍堅持要揹她的乖孫女玩。

很多宗教團體很有錢也很有組織，動員起來會成為一股新興勢力，是好是壞？我覺得若是開放式的正向對話，都是被接納的，只要不是情緒性對立或暴力，不管什麼教或什麼黨，對話的內涵可以隨著社會的進步，愈來愈有洞察力，愈來愈精準。

政治是全民運動凡事以真善美為基礎

以前台灣人避談政治，是被殖民主所灌輸的概念，現在社會在這一波後現代民主化的浪潮之下，進一步提升，大家的對話內容更有深度，更直接破梗。

政治人物從某一個家族出生，影響到他的政治性格，美國甘乃迪及布希總統都是政治家族，台北市有一些連家班及陳家班，他們的從政因緣，有什麼政商結構，陽信銀行的何志偉市議員，有什麼樣政商人脈結構？

未來當選了，優先回饋政治人脈、金脈及選舉渠道，只要合情合理合法，這沒有不對，一個家族選出來的人，只為了家族利益，是不可能連任的，大家會睜著眼去仔細盯著看，像川普總統就是很明顯的例子，如果他從政是明顯地為了家族利益，是不可能連任的。

台灣要實踐川普模式，不要道貌岸然「華儒政治」，要知道：新台幣最大，人民幣更大，其實是美元在操控。利益的主體要確立，籍由不斷地實力對話，找到對大家都好的平衡點。

話說回來，不管你是依著宗教的組織來從政，或者依著家族的人脈起家，從媒體開始也好，每一位政治人物都由不同的社會位置進入了政治，聚焦利益才是重點，不要違反集體利益，這就是政治的核心。

自由時報曾倡導台灣的政治，應該有一個務實主義，務實這兩個字是賴清德院長提出來的，因為他貴為行政院長，居然敢講是一位主張台獨的政治工作者，有魅力、有膽識，他加上了一個伏筆，就是「務實的」政治工作者，這很可以做文章。

務實是我們要面對現實，中國這麼大這麼強，你要不要硬幹，不可能嘛，所以這叫務實。再來，老百姓有其利益，你唱一些理想性，比如說，有一些政黨訴求年輕票，可是有真的為年輕人的利益著想嗎？

我有很多的晚輩說一例一休後，讓他們休假變多了，但這些訴求，年輕選票政黨在第一時間，有為他們發聲嗎？沒有。都是後來要向右修改為比較有彈性的一例一休的時候，這些人想要年輕票的才跳出來，所以務實政治就是要針對選民的利益，提出簡單確實的政策，然後去完成。

我們媒體社會工作者，要把放大鏡放在利益上頭看務實的東西，這些利益、權力、

甚至情感是是非非，它的上層是有些理念及理想，我把它叫做「真善美」，第一手要處理的就是現實的利益，這叫務實政治。

心靈政治的落實

心靈政治不能跳脫務實政治，心靈政治不管談宗教也好，要落實在生活裡面。宗教場域師父弟子的場域，集體感官催眠很明顯，自由思辯的宗教，感官訊息集體性的色彩比較低，北韓式的舞蹈，很像催眠，集體性就是你拜師父、他拜師父，我不拜很奇怪，然後你見證師父醫好了病，下一個、第三個、每一個都見證，你就信了，因為「相信」本身就有力量。

大學生有一半以上去了太陽花現場，你不去很奇怪？當您相信，台灣人不應該盲從國共內戰的中原史觀，便開始以日治、荷治、西治以及明鄭的本土史觀建構信念了，很難再回到高中時代的蔣公思想。

我的祖先三百年來一直住在景美，阿公很窮，文山區有很多姓張、姓高、姓王、姓蘇的，這就是台北市早期的地方勢力，外省人來了也有勢力系統，像眷村就是一個系統，投票的一致性到現在都還蠻強的。

連勝文選市長時，文山區有一個里的票特高，因為剛好有一個眷村在這個里，這就是所謂的利益團體，利益團體的表徵，是一些省籍情感及產業工作利益，當軍公教年改完成後，省籍之間的利益差別就被全部打破了。

四十五歲以下的年輕世代，本省人與外省人後代的利益是完全一致的，請不要再省籍對立，當然老一代的還有一些心理糾葛。

台灣當下最嚴重的利益衝突，是在大陸有商業、工作以及金錢往來的台灣人，與在台灣堅持主體意識的人，其統獨態度有根本性的差異。

民進黨迴避中國的金錢攻勢，專注本土政治力的鞏固，有一個轉型正義去鬥國民黨，你要叫人家轉型，自己也要轉型吧？轉型是整個社會，把大家有共識的、進步的當下概念實踐出來，國民黨當然是一個要改的對象，民進黨也是，整個社會都是，從自己作起，大家一起加油。

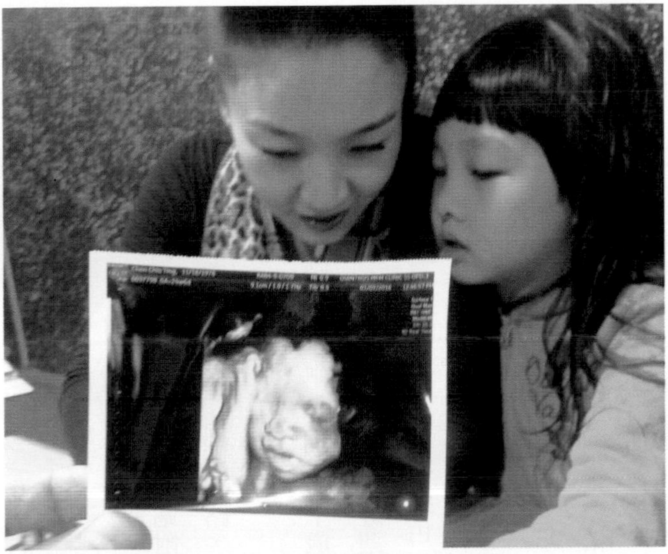

大鳥再來 The Big Bird Coming(「淮」這個字)

我太太肚子裡的兒子，是潛意識三次的美妙嘗試，所創造的恩典；回想 2017 年，我們住在上海淮海中路和東湖路口，那時老大剛著胎，我想它是男生，我又喜歡「淮」這個字，就把它取名淮恩，但老婆想是女生，把它取名珈恩，結果生女兒，淮恩暫被擱置，珈恩上場，現在珈恩的弟弟來報到了，老婆也已同意取名淮恩，淮是水鳥、是華夏之意，紀念空軍大鳥岳父大人，紀念我與愛人在淮海中路的時光，紀念華夏傳承，我的名字有個「森」字，三個木喜水，兒子英文名本取為 Walter，經其美國表姐 Betty 建議改為 Warren，Warren Buffett 的 Warren，以上如是向各位鄭重介紹 Warren 的到來，感謝傳承，感謝岳父及中華空軍，感恩岳母一家人！

第五集　你沒聽過名字的台北市市議員參選人

我居住在文山區的羅斯福路五段萬隆站附近，除了坐捷運去市中心上班或辦事外，有時會開車，最近經過萬盛街通往羅斯福路，或者辛亥路通往基隆路口，有很多候選人在拜票。

八月底時，我看到一位年紀差不多六十歲，穿紅色顏色的候選人在那邊鞠躬拉票，身上寫著名字「黃德北」，我想起他是在社運界左派蠻有名的黃德北老師，世新大學社科院的教授，所以是黃P出來選舉，身穿紅色，辦公室是藍色。

左左右右對話對話掌握思辨的核心

台北市每次市議員及立委選舉，都還蠻常看到左派路線的人，今年也是一樣，但大部分選民搞不清楚左、右，有什麼差別？

左派一般來講，相對於右派，比較非主流，當主流強的時候，左派就會對之辯論，

對主流辨正其是否確保全民及底層利益，當今世界上什麼是主流？美國是主流，共產主義俄羅斯以及中共自稱左派，出來和美國抗爭，中共和俄共掌權之後，無產階級沒有專政，左派路線也變成了主流，很多人不把中俄叫做左派，有些人稱他們為國家資本主義，就是國家是老闆的老闆，國家是大老闆，跳下來掌控核心生意，以資本主義的方式，達成國家社會主義的目標，很像一個超大型的社會企業，只是中國國家社會企業的民意基礎，有時會被質疑。

左派跟右派很難去定義區分，很多右派名嘴非常民粹，常常把左派冠上共產黨三個字，因為大部分台灣人對中國共產黨的印象是不好的，現在中國強了，蠻多淺藍、深藍以及淺綠的台灣人，對中國共產黨有好印象。

我曾經在輔大心理系研究所社會文化組學習社會實踐與對話，裡面有很多老師，包含夏林清老師被歸為所謂「左統」（左派統一路線），雖然他們會否認，因為這是很民粹的標籤。

標籤是有意義的，雖然它很表淺，但是它可以被表達一個對話的位置，被定標的人可以理性否認，對話便細緻展開，由表淺慢慢深入去談，黃德北被歸於左統，很多人聽到「統」這個字，就不想支持他，其實不用那麼急躁，統一或獨立這兩個名詞太粗糙，我覺得「主體性」這個名詞比較細緻，沒有多少人真正認識什麼叫作「主體性」，主體性就是主體的命運由主體自己決定，自己的國家自己救。

主體真的能自我存在嗎？三一幸福學認為，「主體是存在於關係中的。」

鄭村棋老師，他在大安文山選過市議員，什麼火盟之類的，這些學者很有趣、很有學問，你看他們的文章，會登在一些左派學術刊物，政治上有左派，學術上也有左派。雷鋒是華人社會主義意識的工人模範，這些學者文章會登在有雷鋒畫像的期刊裡，請不要誣衊共產主義當初的理想，不管共產主義或資本主義或任何派，都有好人及壞人。

蔡英文總統偏左，號稱改革進步派，進入體制後一定會墮落，這是必然的現象，你唯有沒有在體制內的時候，才敢有啥講啥，像我現在沒有在體制內才敢講。在體制內的人，告訴大家努力工作上班，不要想太多，服膺資本主義規則，這叫右派，右派論述常常會說，社會亂了，大家不要再民主了，這就是右派論述，川普也是。全世界沒有完全的左派跟完全的右派，法國總統馬克宏以前是左派，現在向中間靠攏。

早期左派強調底層工農革命，現在很多左派是穿西裝打領帶的中產階級以及小資形象，左派人士曾經批判郭台銘董事長及其企業，大部分台灣人不敢去批判他。我認為郭董是對台灣社會貢獻很大的一位右派商人，不過他的思想跟政治路線是標準的右派，大陸工程的殷琪女士有左派理想風格。

蔡英文總統上任後想要照顧勞工，所以有一例一休政策，默許配合幾個航空公司罷工，然後給華航或是一些國營企業員工福利，這不是勞工運動，請不要拿納稅人的錢去補助國營事業的勞工，真正勞工運動是由私人企業例如郭台銘的勞工集結，這才叫勞工運動。國營企業的勞工拿納稅人的錢來補助自己，那政府為何還要砍軍公教年金呢？

國營企業的勞工運動最後賠錢的都是納稅人，跟發老人年金、幼兒補助金沒有什麼差別。蔡英文總統如果真的想要支持勞工，應該鼓勵私人企業的勞工集結，比如說軟體業勞工聯盟、金融業勞工聯盟、觀光產業聯盟等等。

蔡英文政府謹慎有餘，打不還手、罵不還口，這就是蔡總統的特色，例如好不容易有機會公投，居然沒有辦法搞一個正名制憲，搞一些不干痛癢的公投，我覺得要快一點作國家正常化公投。比較有意義的是十八歲以上就可以投公投票，這會有什麼影響？

左派不能封閉起來，左派不要搞保護主義，不准外國人來、不准開除勞工，我自稱開放的左派。什麼叫做開放的左派？就是不主張封閉、不主張保護主義的左派就是開放左派，我自認是左派跟右派對話的高效率窗口，為什麼？因為我以前搞創投，我政大企管系畢業，政大企管系是一個人右派基地。我在加州大學爾灣分校研究所的老師彼德那

聖山撞鐘，做一天「和尚」，撞一天鐘。

法諾，來自美國哈佛經濟系反中大右派學術基地，我知道右派如何思考事務，我的左派思想是大一唸政大哲學以及數年前在輔大社文組培養出來的。

台中聖山的修行參訪

我在二〇〇二年時參加市議員初選，潛意識帶我到了台中聖山，二〇一八年，潛意識又召喚我到聖山一遊，它在台中往日月潭方向的一片山坡，讓大家種菜、靜修，也和社會運動連結。

農曆年時，我上山平安肅穆地推撞了一隻很大的銅鐘，有錄影下來，在臉書上我留下「和平鐘響，喜樂島嶼，新年快樂！」的字句。

聖山主持人叫楊緒東，我稱他為老師，我常去

問問那邊的政治運動者，大家互相交流。

這位奇人是中醫師，學身心靈修行法，跟隨過涵靜老人李玉階，學生參政，老師涵靜老人也是，有一點兒南懷謹老師的風格，這些法脈跟台灣政治很有關係。楊老師的體系跟台獨運動很有關係，弟子們參加活動的時候，會穿一個T恤，上面寫著「台灣人拜台灣神」，很有意思。

選舉不一定要選上

參加選舉就一定要選上嗎？未必。有些律師選一選，即便沒上，律師生意也許多了知名度也不錯。律師、會計師、心理師，有一些國家證照的專業人士是不能打廣告的，那他們要怎麼打知名度？潘建志精神科醫師在萬芳醫院服務，他選過一次立委沒上。邱毅以前是補教名嘴，後來居然選上了，有些補教名嘴很愛去選舉，打知名度。

政客是我們選出來的客卿，客卿作為合作對象，選民不把政客當僕人，政治人物是我們的專業合作伙伴，我剛剛說了這麼多專業，有精神科醫師、心理師、律師，我個人政治評論的焦點，希望政治人物越來越專業，是專業助人的政客，而不是專業騙子。

「專業」一詞有時也是政治鬥爭的工具，能說出專業二字的人，都是既得利益者，有些人說，「社會愈專業，離人民愈遠。」王世堅引用羅素的話，「專家是訓練有素的狗。」

我推崇時代力量的領導們，他們知道如何去切入第三勢力在政治版圖中的戰略位置，該切的地方，精準對話，交錯使用，林昶佐挺柯P，林飛帆反柯P。呱吉參選松山信義，呱吉好幾年出現在YouTube頻道「上班不要看」變成網紅，如果他知名度沒有竄起來，或者竄起來之後沒有一個系統結構相挺，不一定是政黨系統，有系統挺你比較實在。

左統知識分子下鄉搞底層革命、搞論述、搞社會工作、社會運動，很有見解的公民們，我們真的要尊敬，不要因為它掛一個「統」就打壓他，他們大部分也都支持民主，以前新潮流是左獨，現在務實。

台北市的主體論述，柯P的選民很多像我這種台北孩子，但是跟中華文化交流合作很深，並不主張文化上的基進路線。文化開放的我自稱開放左派，推行官方英文跟華語雙語併行，閩南語、客語以及原住民語言由地方政府推動，中央推行英語、華語以及文化開放政策，甚至推廣簡體字以及日文漢字。

民進黨派系像新潮流是聯合領導，不會跟單一財團靠得很近，儘量跟財團切割，即便有為數不小的政治獻金，很注意派系跟金錢的關係，為了維持政治命脈，跟金錢要有一定的合作及界限。海派林崑海是媒體企業主，跟傳統財團不一樣，民進黨派系政治跟國民黨山頭政治完全不一樣。民進黨派系比較像日本的輩分派系，有台日風格加美式民主的台派自創。

國民黨主要就是山頭政治加上黃復興兩股影響力，國民黨沒有本土派，國民黨的本省人冒出頭被栽培就叫本土派，自從李登輝被開除之後，國民黨沒有本土派，因為一個派系，必須有它的意識形態支持，國民黨本土派都是被國民黨的黃復興正統，例如新黨洪秀柱等新國民黨連線所控制。國民黨只有本省利益派，像林益世這種本省精英，如果不做生意，沒有弊案在他手裡，國民黨本土派沒有辦法冒出頭，在國民黨裡面有尖銳的本土意識，會像許信良、李登輝、趙永清被趕出去，國民黨沒有本土派，國民黨只有本省利益派。

我們社會要把內幕，有助於公民洞察的事情講出來，你得罪黑道或白道都很慘，得罪有權力的人都很慘，但是媒體工作者要站在弱勢這邊發言，不要拿了錢幫強勢講話，那社會就沒有公平正義了。

阿德勒的「被討厭的勇氣」

心理學家阿德勒，在日本、台灣以及美國各地都很有名，他的學術地位不像佛洛依德和榮格，三位並稱精神分析初期三大老。阿德勒的當代弟子在台灣翻譯了一本書叫《被討厭的勇氣》，從政要有被討厭的勇氣，柯P很厲害，他善用被討厭的勇氣，川普也是，杜特蒂也是。

政治人物剛冒出頭的時候，要創造爭議，時代力量很會創造爭議，政治人物創造爭議不能毀了形象，川普在美國有槍枝協會支持，因此他不贊成管制槍枝，但美國校園槍殺太多，川普很會創造爭議，他考慮販毒判死，聽說以前甘乃迪總統要執行這個政策，所以被暗殺。川普這種總統怎麼可能怕被暗殺，想殺他的人還蠻多的，菲律賓的總統杜特蒂也是一樣，很多人想暗殺他，他殺了多少人？我不是要宣揚暴君，民主社會以及選舉就是媒體政治，媒體政治就是要創造媒體性，你才會當選。

台灣要實踐川普模式，經濟優先，媒體透明，政治談利益，開開心心有娛樂性，有錢賺就好。

什麼叫媒體性？就是爭議及亮點，若您敢說敢脫，也會創造媒體性，因為大部分選民搞不清楚什麼叫物化，川普也很愛物化女性，他把模特兒老婆弄得很像物品一樣，但物化只是一個名詞而已。

馬英九、歐巴馬有脫過，馬英九露胸肌，這就是媒體吸睛及爭議性，柯P更厲害，

柯P是媒體政治高手中的高手，他可以扔掉包袱坐公車，租屋被擋，他被罵的同時突顯了新式政客的風格，牽制傳統藍綠勢力，所以政治就是要推陳出新。

從這個角度，我們肯定柯P，但是從兩岸立場上，我們要否定柯P，怎麼可以對一個中國各自表述不表態，這不是政治人物應該有的態度。台灣的政治最重要的就是兩岸論述，第二才是經濟議題，第三才是文化教育議題，政治人物第一個要把兩岸論述說清楚，除非你要附屬在別人下面，你現在已經是市長，要自成一格，對九二共識清楚說明。

阿德勒還講了很有名的話：「教育最重要的是落實基本國策」，阿德勒從歐洲到美國之後，美國人超愛他的，美國終於有了　位精神領導，主張把基本國策放入教育裡面。

為了讓政治人物能夠專業，建議選民要洞察他們在變什麼把戲，心理學提供了很多洞察知識，但是不要負面地去看政客，很多人是有心來服務社會的，我認為大家可以學習阿德勒心理學，強調自卑與超越，人們在社會上立足的心理動力。

第六集　台灣低薪問題

台灣的低薪問題以及如何拼經濟，一直是個廣泛受重視的議題，民眾肯定會有感、有興趣。說到底，台灣如何增加高薪職缺，同時將低薪者拉向高薪呢？

台灣人真的窮嗎？

當初台灣是亞洲四小龍的前段班，現在平均薪資在亞洲四小龍中墊底，但是依據網路官方資料，台灣平均個人資產是全世界前二十名，台灣平均個人金融資產是全世界前五名。有錢人口跟沒錢人口全部加起來作為分母，其資產將近五百萬台幣，這五百萬的來源，集中在台灣有錢人大約將近十萬人的資產是破億。

台灣的M型社會不似美國及香港嚴重，但台灣均富數值，沒有像新加坡及日本做得那麼好。大家一直覺得薪水很低，低薪是事實，但有很多計算方法是謬誤，直到最近賴院長把年終獎金算進來才對，全世界在算平均薪資的時候，都是這樣在算的，只要進入

綜合所得稅裡面薪資項目，都是薪資。

還有一個計算謬誤，台灣的中小企業非常多，中小企業的老闆們和他的親戚，包含執行業務股東，拿的薪水都很低，需要錢的時候會有很多方式，或者把費用灌到公司裡面，或者從境外公司領一些錢。台灣的制度需要改變，讓這些人的實質收入能夠在稅局資料中顯現出來。

台灣人愛當老闆，這在韓國、日本以及新加坡，比較少有。台灣薪水問題，如果把中小企業主的實質收入也算薪水，其實台灣的平均薪資沒有想像的那麼低。

哪些專業人士是高薪族群

以前金融產業，有不少人拿高薪，不管你做證券、做基金，美國華爾街也很多這種「肥貓」高薪族，美國帶領的資本社會全球化，金融業的上層是拿高薪的。這個結構在金融危機以及美國房貸垃圾債券事件之後，稍微有改變，但是還是挺多金融業的人拿高薪，雖然這些高薪工作越來越少，但是如果你沒有離職或被開除，金融業中高階人員的薪水是高的。

阿森和太太以及女兒剛出生時，我們說珈恩是蓮花上的鑽石，全家三代滿歡喜，當我們意外懷了老三，太太果決地要我同意人工流產，台灣的低薪問題讓很多人不敢生孩子，我家就是，兩個就忙不過來了，也養不起。

有些專業人士，像醫生很辛苦，但醫生裡面有不少人是高薪。律師也很辛苦，有些人是拿高薪的。心理師中，有一些人是拿高薪的，建築師等等有證照的專業人士拿高薪。生化科技產業有不少高薪職缺，在台灣不容易遇到生化科技人才，大部分是生化科技的行政、銷售或管理人員，真的生化研發人員，台灣並不多，但有很多台灣人在美國從事生化科技工作，薪水很高。

台灣還有哪些高薪產業？你知道很多媒體名人以及藝人的薪水蠻高的，這是台灣的強項，所謂文創媒體產業。

聽說之前台南搞了一個類似早期中影的文創設施，後來好像也較少被報導了，如何讓高薪政策施政有感，賴神應該可以作到。台南市是賴神的前地盤，要讓台灣多出好幾位國際大導演李安或者魏德聖，我們有很多優質的藝人以及創意，這麼蓬勃發展的媒體，這麼自由開放的社會，我們的文創媒體業，一定要開發大陸以外的市場，學學韓國以及國際性文創資金，他們如何打造出國際的電影票房以及電視節目？

我們的軟體業，包含動漫、電玩業輸給日本以及韓國，要檢討。這些行業培養出高薪職缺。怎麼後來跑去了上海、北京以及深圳呢？這些人沒有留在台灣，只是因為市場嗎？

創造產業聯盟體制增加高薪族群

零售業像餐飲、服務業也有高薪，如果有一個很好的產業聯盟體制，不管陸客有沒有來台灣，最近台北市尤其是暑假，東南亞來的觀光客還不少，台灣要持續去創新，讓餐飲零售業、觀光業有前途。

為什麼沒有一個國際性的觀光設施出現呢？你上網查休閒渡假飯店Retreat，台灣只出現一個涵碧樓，涵碧樓有真的很厲害嗎？如果您上網看看日本的星野集團發展，您會覺得汗顏，台灣有國際性的建築師事務所，卻只創造了一個涵碧樓Retreat，真的很遜。

台灣很多飯店要提升它的管理，加入國際聯盟，台灣這個會管理的中小企業王國，居然不能發展出自己的國際性飯店管理聯盟。新加坡發展出自己的飯店聯盟，不蓋飯店專門幫人家管理飯店的國際性企業，台灣為什麼沒有？這些行業可以是高薪一族。

台灣中高階軍公教人員的薪水不錯，但還不及新加坡，原因是台灣的公務人員，專業訓練及要求不夠，有些薪水以外的收入，法治不明。我們要改變整個公務體系的環境，先讓政客變成公民社會的專業合作夥伴，讓政治人物專業起來，軍公教素質提昇，同時讓他們的薪水提升。減少軍公教職缺但提昇其價值，讓軍公教人員成為台灣高薪的支柱。

直銷及銷售人員很多是高薪，台灣有哪些產品好賣，而且副加價值高，不管賣到國

際或者國內，賣房子有波段景氣，還有什麼東西可以賣？台灣人想買，以及台灣人賣得出去的這種外銷的東西是什麼？台灣有很多很強的銷售人員，這些銷售人員的薪水很高，尤其你的英文、日文、甚至德文好，也有法文好的國際貿易人才。

台灣的低薪要變高薪，第一個是教育問題，我們的國際性語言教育不夠，英文比南韓還弱，比香港差，比新加坡差，也比印度差，比中國的某些城市大學生的水準還差，我們英文口語可能比日本好一點。可是我們的經濟路線，千萬不能走上日本的路，日本基本上是保護型的經濟體，我認為台灣經濟的模式應該學習新加坡自由開放，跟中國之間也要自由開放，只要把相關國安法規及早訂定清楚。

台灣跟美國買這麼多武器，應該好好地利用這個時間點，透過談判，請沖繩美軍移一些過來宜蘭或花東地區，帶動整個東海岸經濟，台東以及花蓮曾經被國際性飯店觀光集團相中，但被地方政府及環保團體重重刁難，中央要去解決，尤其是民進黨政府偏左，和環保團體容易溝通。

美軍不來是因為資源不足？資源不足就是錢的意思，針對重點請美國賭場來離島開辦，回饋部份稅收給駐台美軍。

台灣已經到了一個瓶頸，就是經濟跟環保其實可以並行，只要透明化以及加強宣導，國際性的飯店集團會樂意去建造一個既環保又有國際消費的大型渡假設施，為何迪斯耐樂園，不能在宜蘭或花蓮設一個？整個東海岸的開發須要強力的國際性動力。

台灣有很美的風景，但是沒有幾個像樣的整體設施可以享用，墾丁被「墾」爛了，比較像樣的都很貴，所以台灣人沒事就跑日本、泰國或峇里島，為什麼不讓日本人來台灣有新玩意呢？再比方，美國人來台灣渡假的不多，來台灣教英文順便玩的比較多，為什麼美國人不會想來台灣渡假呢？

美國人往國外渡假的消費意識很強，為什麼不能大量投資美國人喜愛的渡假設施？我們買了這麼多美國武器，台灣的觀光資源很豐盛，可是沒有認真開發，針對高消費族群美日澳、英國及歐盟市場，非常可惜。

台灣發展高端精緻消費，不能輸給東京、上海以及新加坡，高消費帶動中消費，中消費帶動低消費，高薪就產生了。

低層薪資如何向上攀爬

賴清德在媒體發表很多看法，把薪水提高其真正的目的是讓大家有一個有品質的生活，但如果薪水提高後，物價狂漲，薪資上漲的意義不大。

我是政大企管系及美國的ＭＢＡ畢業，有長年領上班薪水的經驗，我的同學、親戚、朋友有很多是上班族，有低薪的、有中薪的，有高薪的，大家在討論解決台灣的低薪問題時，不是調高一下最低薪資，好聽點是政府有想到，但是重點在哪裡？不是政客講講，就把問題帶過。

請問你有認識或聽過哪些人在台灣，或者他是台灣人，在世界各地拿高薪的？我在美國的朋友、同學們，薪水蠻高的，在美國的這些人所居住的城市，不見的物價比台北高。比方說，美國德州物價並不高，可是德州也能夠付出很高的薪水，為什麼美國環境能夠付出高薪，台灣有沒有人在美國或台灣拿高薪？不是資本家，是勞工有很多，政府要協助高薪台灣人回台自我實現。

解決低薪問題首重創造高薪職缺，讓上層經理領高薪，中低層有完善的教育訓練往上爬。例如竹科的薪水的確較高，不管有沒有配股，如果你真的有一技之長，不管是哪家大學畢業，同時有些科技相關的研究，是先進國家的碩士更好，如果你會日文或英語，比如說台清交理工背景的人，進修過一些管理知識，語言及溝通能力好，容易拿高薪，在園區有很多這樣的人，配一配股票，一年三四百萬的很多，勞動條件也不錯。

台灣教育與經濟的方向和高薪職缺脫節

台灣的低薪要變成高薪，要先區分不同薪水的階級及結構，最底層要免稅，一個月兩三萬以至三四萬，整個家庭收支屬中低收入戶者，要免稅以及補助，同時訓練他們升級往薪水高的位子攀爬，教育訓練要有策略性主動，整個台灣教育與經濟方向，和高薪職缺脫節。

台灣低薪的根節問題是教育，台灣的學生要去實習的時候，沒有高薪的大公司願意讓他們來實習銜接高薪工作，因為沒有足夠的高薪產業及職缺在台灣，上層不跳巢，底層如何往上爬？市場、技術及人才都不夠，高薪產業為何要投資台灣？第一項該作的是，將整個台灣教育往本土的高薪產業帶領。

比方說，可以引進美日一流學校來台設立分校，請一流的師資快速國際化台灣的教育，中英文成為官方語言是必須的。生化科技的人才不夠，可是台灣沒有足夠生化科技公司及師資，要怎麼培養？這些學者及技術人才都被先進國家搶光了，美國儲存了台灣跟世界上最多的尖端人才。

我有一個博士朋友是伊朗人來亞洲發展，後來轉往美國發展了，他很多親戚朋友，無論碩士博士，中高階層的人也往美國發展，美國、新加坡、日本及現在的中國，儲存了很多世界級的人才，中國人到美國學了技術回到中國發展，美國開始要限制，因為美中對立，可是台灣跟美國沒有對立，台灣要利用這個優勢，把在美國的台灣人才挖回來，不是只有去中研院，不是只在數十年前請張忠謀回來，要大量地將張忠謀們及翁啟惠們請回台灣，給他們很好的創業環境。

日本有很多技術，台灣人很多到日本拿到博士，技術多藏在日本公司裡，如索尼、三芝及夏普等等，郭台銘想要去購併日本企業取得技術，雖然有人認為郭董紅色企業味道很重，但他畢竟是台灣人，我們要好好協助郭董及台灣企業去併購日本有技術的公司，壯大台灣企業，台灣的併購法規不夠健全，人才也不夠，併購人才薪水很高。郭董不應該被二分法成為紅色企業，畢竟他在台灣出生長大，應該要好好和郭董這樣的人才合作。

政府睡著了，產業自治應落實

政府要出面協調以及制定規則，不要讓台灣的企業互相亂打，台灣的企業要團結起來向外拓展，或者是分工，這是我一直在提倡的台灣各產業聯盟，政府要出來聯盟這些產業，而且不只是把資方連結起來，要把產業的勞工整個連結起來，這才叫勞工運動，最近有一個口號：「百工百業挺改革」。但要如何挺呢？挺什麼呢？

台灣的勞工運動都作假的，我做白領勞工這麼久，從來沒有人邀請我去參加什麼勞工組織，我認為台灣的政府應該規定各企業人事部，在聘請一個人的時候，要發給他一個勞工團結聯盟的邀請函，也許每一個公司有三個聯盟選項，比如說你可以加入軟體產業工會或者是科技工會，這個你自己選，進去之後，你可以跟同行裡面的勞工交流。老闆其實不用怕勞工團，政府要出面讓勞工團結起來，讓資方也團結起來，落實一個真的有深度、有廣度而且綿密細緻的產業自治。

產業自治不是把同行放在一起叫產業自治，產業自治是結構性的團結及溝通，勞工團結在一起，資方也團結在一起，勞資不只是對立，可以有很多有效溝通，台商也要團結一起，在中國避免政治上的兩難，不管是到美國或日本等地都要團結，這是我想要建議的由低薪變高薪的基礎設施、建設及軟配套。

挖掘產業亮點，建構全方位產業聯盟

因為台灣大企業太少，產業連盟不健全，單一中小企業不會想要投資做研發，只有大企業或產業連盟會想投資做研發，這是台灣的悲哀，所以要產業聯盟。一個大產業透過協商，大家一起研發，跟國際的產業聯盟合作。比如說，人工智慧，大家哪有錢單獨

去研發人工智慧，你有錢，人家也不見得要讓你加入研究，我們現在跟美日的關係很好，可以找先進友邦主導的人工智慧集團合作，台灣財團有興趣丟錢的，拿一些技術回來，我們可以分到一塊，智慧製造是美日台的未來。

比如說電動車，全世界電池缺貨，台灣的電池技術跟日本合作沒有很差，政府怎麼沒有認真去想這件事？不要自己想一個概念，你要看國際的產業聯盟裡面缺什麼，就去卡一個位子，像鴻海卡到蘋果。

各行各業都能卡到一家蘋果，我們不一定要做產業的光芒，可以在各行各業都有一家亮點鴻海，各行各業有一家台積電，台灣要開放，要國際化，才會有高薪產業。

台灣要提昇產業人才技術，在管理概念上也可以突破，你去看國際性的直銷產業，美國的賀寶芙及安麗，後面不僅是科技，有很先進的管理技術，它不見得是我們在說的「老鼠會」，其產品和經營的形態是國際水準。

台灣為什麼沒辦法有一家國際級的中草養生直銷公司？葡萄王企業的直銷有到國際水準嗎？主要還是在於台灣產業整併及合作不夠，缺乏大型企業，投資動能不足，政府要鼓勵產業聯盟，大家分擔中長期投資，合作照顧勞工及環保問題，銷往國際市場，這樣子才會創造高薪產業。

台灣的貿易過於偏重實體貨物，要強化服務貿易，輸出以及輸入高端服務以及整合技術，產業政策亂喊，什麼「兩兆雙星」，什麼「亞太營運中心」，後來呢？都是納稅人的荷包失血。

台灣的高薪產業在創建過程中，常常被媒體亂罵圖利財團，翁啟惠及吳茂昆等學者，協助核心科技在台灣發展，惹得一身腥。金融業應該加速將各產業利潤，分享給小型投資人，比如說房地產證券化，房地產漲價，可以分享給所有的上班族，即便他一個月只出一萬元，小額投資人可以分享增值及租金收入。美國做得很好，台灣做得真的很不好。

台灣的公司上市櫃，所謂次級市場的交易量、法規以及自由度，做得不好，不管外資或本土法人，操作的自由度遠遜於香港及新加坡，這樣怎麼會有高薪職缺及產業出現，一旦有高薪的產業出現，大家就說圖利財團，那政府要怎麼創造高薪產業呢？只好提高最低工資。

台灣制定經濟政策非常破碎，經濟政策必須有上層的戰略來涵蓋，台灣不應該為了發展經濟而發展經濟，大家聽到拼經濟賺錢就血脈賁張，所以中國也這樣來籠絡。應該慢慢走向北歐或者新加坡式的集體主義，台灣的經濟發展要扣到社會問題，台灣最大社會問題是國際定位不確定，花了大筆鈔票向美國買武器以及金錢外交，戰略是亂的。所

謂經濟優先是以資本主義的方式，達成國家大社會企業的目標。

跨太平洋夥伴全面進步協定（太平洋協定）

台灣要改善低薪是很低階的問題，高階的問題是解決社會問題，解決社會問題的高階問題是國家戰略，國家戰略首重兩岸問題，兩岸問題首重安定，美國跟台灣的軍事聯盟，透過軍事聯盟，引進武器、引進技術、引進美軍。以軍事帶動經濟，錢非萬能，沒錢萬萬不能，即便只是一千名美軍陸戰隊，當發言人說，「資源有限。」其重點是「錢」。

中台交流不要簽訂馬英九前總統的有單邊風險的服貿跟貨貿協定，很像我們加入世界衛生組織，隨時單方面會被解除權利，單邊協議可以被政治利用，太平洋協定可以當作跟中國謀取新共識的平台。藍軍用單邊合約和中國交流，台灣隨時被降為地方政府，多邊合約類似世貿組織的架構，太平洋協定中，親美的日本跟澳洲主導來跟中國達成協議，讓西方世界，以及美日先進企業和台灣企業合作，迎向中國，因為直接去上海跟北京風險很大，美國已經幫我們鋪這條路。

放眼十年規劃路，點線面長期經營

低薪問題是經濟問題的一部分，經濟問題是整個國家戰略的一部分，只談低薪問題，要從台灣可能高薪的地方去做，而不是只是往低薪補貼，不利階級、資金及人才的流動。不過民選的政治任期只有四年，大部分我所講的事情，四年、八年都做不太完。

李國鼎時代沒有任期限制，可以設計一個政策是十五年，現在哪一個民選政府願意設計一個十五年政策，台灣的政府組織要改變，像能源政策、教育政策，在行政院要有一些獨立的類似大法官或央行總裁任期，不要被四年或八年綁住，結果換一個總統，就全部都重來，柯P講過類似的話，第三勢力比較敢這樣講，因為藍綠都是被四年綁住。

房地產可以轉型，比方說，我以前在美國居住的城市爾灣，整個城市是一個財團法人，台灣花蓮、台東、台中這些新興開發區，甚至關渡平原，可以用產業大聯盟財團法人開放國際競標，但台灣的政府沒有這種氣魄。

政府發包給一家財團，只要換政府之後一定有弊案，因為跟單一財團簽約，政治利益喬不攏。

內政部住都基金三百億，公辦都更的大政府概念沒有效率，會浪費錢，表面上很公平的照顧到一些弱勢發言權，其實在圖利產官學結構，只是一個重分配的動作。台灣要

創造一個制度像北歐丹麥將產業聯盟，有個財團法人及無數個合作型組織一起開發，照顧資本家也照顧員工，照顧產業及全民，就不會落入圖利單一財團的弊病。

各行各業轉型到高附加價值的領域，引進國外投資，不是缺錢而是缺乏新觀念及長遠戰略，關鍵是教育出了問題，國際化不夠，國際投資不夠，海外人才回來不夠，台灣沒有什麼市場，所以要國際化，讓別人來投資台灣，產品可以銷售到中國、全世界，兩岸交流很重要，大陸就卡我們這一點。

請開辦國際性大學台灣分校，台灣人花這麼多錢去國外唸書，台灣的私立學校要排隊進去的，為什麼要讓這些孩子們的家長，花大錢出去消費他國的教育商品，把國外名校請過來辦就好了，這不是照顧有錢人，而是創造高薪就業，增加稅收。

不要以為付高薪就會有人來，美國人才不想回來，因為台灣孩子所接受的教育很爛，教育是一切問題的根源，國民認同台灣以及清楚細緻的國安教育不夠，要像以色列一樣全民皆兵，台灣實施全民三至六個月政戰民兵訓練，運用美國的支持，把武器買回來之後變成技術及產業。

台灣的資本額制度有問題，資本額跟公司大小，不一定等值，資本額只是股份的算法。台灣股份有限公司制度可以改善，為什麼公司跟銀行借錢，倒了之後是有限責任，賺錢卻可以無限上綱。低薪免稅，照顧其基本生活需求以及提供積極的教育訓練。

中薪要成為高薪，要有大企業可以去上班，台灣大企業太少。各行各業都可以蓬勃壯大，立基台灣，把中薪變老闆，或去大公司上班，然後把上層的高薪維持住。我們食品業及餐飲業，為什麼不能有台灣米其林？台灣的美食這麼有名，一個小小的開平餐飲學校，很成功也很賺錢，為什麼台南不能辦一個國際性的餐飲學校？動腦筋，有國際觀的餐飲學校，請設立一個大型像樣的餐飲美食園區，舌尖上的中國之後，舌尖上的台灣引領全球。

吸引大量各國人才來台灣居住

賺大錢的，我們課比較多的上層稅，回饋給其所在產業的「倫理基金」，給誠實賦稅者尊榮，台灣仇富、反富是不對的，讓有錢人遵循稅法以及得到尊重。網路將人跟人之間串聯起來了，大家對話後，一起給民意代表壓力。

台灣大部分人會同意，長期而言要廢除死刑，父母體罰孩子比例很高的台灣，要如何廢死呢？問題在整個社會文化、教育，大家的水準還沒有到那個程度。

台灣要大量引入講英文跟講日文的中產階級進來，很多人喜歡來台灣住，我認識南

臉友小英女孩授權我使用上圖，我覺得這張圖可以呼應我所提及的「公民手機」概念，人們的食衣住行育樂，已經離不開手機，如果公民能透過手機創造政治溝通以及健康幸福，那會是一個什麼樣的社會？是丹麥的公民社會嗎？還是有台灣特色的小確幸？

韓投資移民來台灣的朋友，請加速投資移民台灣，讓泰國、越南、香港、日本、美國這些友邦的中產階級跟小資大量移入台灣。

我政大的老師，老師的老師們都在主管這一塊，如果讓國際性的財團，不管在觀光業、房地產業、半導體業、生化科技業、食品業等等，食衣住行娛樂交通產業進入台灣，華人的部分我們自己主導，華人社會有很多東西是領先的。

最好的國策是發展經濟。台北如何跟上海競爭？高雄如何跟大阪競爭？台中如何跟曼谷競爭？我提過「公民手機」的發想，全台滿十八歲公民，政府給你一台優質的、不會傷害眼睛的公民手機，經濟及政治溝通兼俱，經費哪裡來？台灣這幾年稅收超徵，國債本土，財政經濟異常健全，保守很好，不要破壞它。稅收賭場，該開放就開放，醫用大麻，該開放就開放，新產業每一個細節都要嚴謹，規劃得宜產業都要開放。全民皆是政戰兵，退伍後用「公民手機」同心連結。

中美貿易大戰

二〇一八年十一月二十四日選舉及二〇二〇年一月至三月的總統選舉，台灣在國際上最主要的一個變數，就是中美的貿易大戰，中美會有種種各類型的戰爭，法律戰、專利戰、媒體戰、軍事戰、禁賣以及意識形態的論戰。因為中國在軍事上、媒體上以及在文化上對衝美國，一帶一路以經濟控制政治，過去雷根修理蘇聯，現在川普修理中國，從北韓開始，到土耳其，到伊朗，這些傾中勢力，美國一次處理，台灣要注意這個態勢，反應要快。

小鷹路線

小鷹路線是有條件支持蔡英文政府的積極鷹派，不管在兩岸路線、在開放路線、在國際組織發展或國內改革，很多人批評她不作為，因為她想要扮演中間，以白臉方式面向中國。

賴清德院長這位新系及獨派都能接受的總領導，坐上了行政院長位置，很多事情也不方便講，小鷹們就給蔡英文政府出對策護航及監督，美中對立，我們迴避主動的武力鬥爭，但不能迴避非武力鬥爭，生存就是鬥爭，不要安逸地像南宋一樣，總有一天被北宋滅亡。台灣以色列化，我們不是好鬥民族，而是有智慧沉潛的海洋民族，會掌舵面向海洋風雲的台灣人。

第七集　後真相政治與幸福對話

社會對話的目的在解決問題，幸福對話的目的在體證幸福，解決問題是體證幸福的前提，如果我們無法解決社會上基本需求的不滿足，民眾是無法幸福的，在政治、家庭、工作的場域中，美國有一套社會溝通術，叫「非暴力溝通」，本書主題在實踐非暴力溝通、心理社會劇以及人間佛法，體證幸福。

什麼是幸福和快樂

我有張跟我太太和兒女合拍的照片，都笑的很開心，後面背景是海，去峇里島拍的照片，我們有幸福的感覺。

另外，可以上網去看一下美國鹽木教會牧師喬爾奧斯丁，他有一兒一女，看起來很幸福，在台灣的基督教電台佈道，他作為基督教佈道者，綽號叫作「微笑的佈道者」，我想效法他的精神和微笑。

那快樂又是什麼？幸福和快樂有什麼差別？古文說，「獨樂樂不如眾樂樂。」快樂一個人可以完成，一個人在那邊玩古玩以及詩琴書畫，他有自己的快樂，想要體證幸福，必須在生命的關係中去證得，無法單獨享有，這是幸福跟快樂最大的差別。

主體性要落實在主體間性，幸福是在關係中，國際關係亦然。

幸福和快樂都是感受，比如說你聽我講話，是什麼感受？透過畫面、光、聲音、還有文字的訊息，這種感受若覺得幸福，就叫幸福感，這種感受若覺得快樂，說是快樂感，這種感受若覺得痛苦，就是痛感或苦感。

我們希望幸福或者快樂能夠持久而不是短暫的，如果我們推廣的快樂是短暫的，或者短暫的快樂之後給你痛苦，比如說吸毒、抽支K菸，馬上快樂起來，可是很快地，你就會感受痛苦。

幸福也一樣，如果你藉由某些金錢交易換得短暫的幸福，很快地你沒錢付了，就痛苦了。所以不管幸福或快樂，其關鍵在體證持久的幸福，持久的幸福感怎麼來的？就是創造環境讓自己跟他人能夠有幸福的感覺，而且要改變內心的認知狀態，不要貪得無厭，懂得從心裡面去接受所有的環境，也能創造高品質基本需求的滿足。

看到每個感官幸福的面向，環境太差不太可能幸福，你選錯人結婚，或者住家條件很差，飲食條件很差，身體很不健康，完全沒有錢，不太可能幸福。幸福是創造的過程，是一種能夠體證幸福的內心，透過對話，合作創造環境。

阿森的偶像喬爾奧斯丁牧師，他以基督教為核心，我以佛法心理學以及對話理論為核心建構三一幸福學。這個創造過程就是把我自己的外觀、言行以及周遭的環境創造起來，同時跟人互動，幸福不是個人獨享的，要跟人互動，我從裡面得到健康、關係以及財富。創造幸福的過程，錢要剛剛好，不怕多，只怕少，錢是工具，是愛的代幣。

福華文教會館後方，有一些安靜典雅的咖啡廳，它也是丹麥式幸福的一種，表現出經營者的英日及台日風格。

幸福是從對話中證得，我今天跟你對話，政治人物互相對話，國家政策決定了我們的幸福。不管是政治人物、媒體人，我們社會上每一個人在工作及生活中，你懂得如何跟他人、跟自己對話，就能夠體證幸福。

丹麥的幸福對話

北歐的丹麥，近似社會主義，沒有窮人，老有所終，壯有所用，幼有所長，全世界最幸福的國家之一就是丹麥，這個誠信社會，消費者能自發地放下金錢在無人小店。丹麥氣候寒冷，父母無懼孩子於戶外，刻意鍛鍊他們的身體，社會的互信很高，福利佳。

丹麥學校不選模範生，十二歲以下沒有成績單，公立學校從小學到大學全免費，借書率世界第二高，寬頻使用率世界第一，私校不是貴族的專屬，而是學習特殊才能，沒有入錯行這件事。

小城鎮如童話般，有五顏六色的老屋。高稅收回饋給產業、社區與家庭，天下沒有白吃的午餐，台灣人反對高稅收，是因為公部門效率不彰以及文化層次不夠，如果您曾經居住過司馬庫司或法鼓山，你在賺很多錢之後，會心甘情願地將其中一大部份奉獻給大眾，這是「文化」。

學個佛，學著活，鞋猴的活；
喝杯咖啡，佛的杯，活著卑，鞋猴的悲；
悲佛而活，只為當下這一口咖啡和杯，
for the enlightened "bean" in all of us.

大安站窩著珈琲丹麥式幸福，我女兒四歲時和我太太。

丹麥稅收被應用在社會福利與教育，有錢人樂意繳稅，幫助能力差的人，沒人抱怨高稅率，無法容忍政府官員貪腐，官員財務對媒體公開透的，丹麥皇室維持簡樸生活。

生活不外乎食衣住行，在沙發上看一本輕鬆的書，喝喝茶點，最恰當的形容詞即是丹麥文Hygge（愜意），它代表北歐的生活哲學，也是生活態度，美國時尚圈流行說，希望您能享有丹麥式愜意，是與三五好友坐下閒聊，或是窩在被裡賴床，在小事中找幸福，反映在公民日常生活閒聊之中，也反映在社會勞資對話之中，台灣近來常聽到「小確幸」？台灣的「小確幸」，可以溶入高品質的對話，發展出有丹麥特色的台灣幸福。

丹麥的真人圖書館，可以把真人借走，詢問真人問題，它由丹麥的非營利青年組織「停止暴力」

所成立，創辦人羅尼學生時代加入幫派，十五歲那年目睹朋友被殺。美國的非暴力溝通，也有類似的緣起，人們誤解愈多，仇恨也隨之而來。羅尼打造一個空間，直接讓人面對面認識瞭解，他致力推廣之下，有三萬人連署加入這個組織，丹麥式幸福，從個人溝通、家庭生活以至社會對話，都瀰漫著這種非暴力、知性感性併重的悠遊幸福感。

三一幸福學的對話實踐

如果有一天你死了，靈魂回到喪禮，看到你想看到的人，覺得我這一生有「了無遺憾」的滿足感，這就是幸福。我們沒辦法掌握什麼時候會死，要活在當下，去做能夠帶給我們跟別人幸福的事情，我發展了一套叫「三一幸福學」的對話實踐。有三個原則、三個步驟、三個層次以及一個重點。

第一條原則是關係、健康和財富，無須平衡要合一。第二條叫做以「真善美」駕馭「名利權情是非以及需求」。我們在世間賺錢、權力鬥爭、是是非非（認知邏輯價值判斷及律法）以及感情事、需求等等，這些基本遊戲規則要認真地去做，大原則就是真善美。第三條是掌握關係中的動力及界限，就是體證幸福。動力是什麼？你們有你們的動力，我有我的動力，動力不是動機，是一個人身心現象的內在動能，也就是名利權情是非及

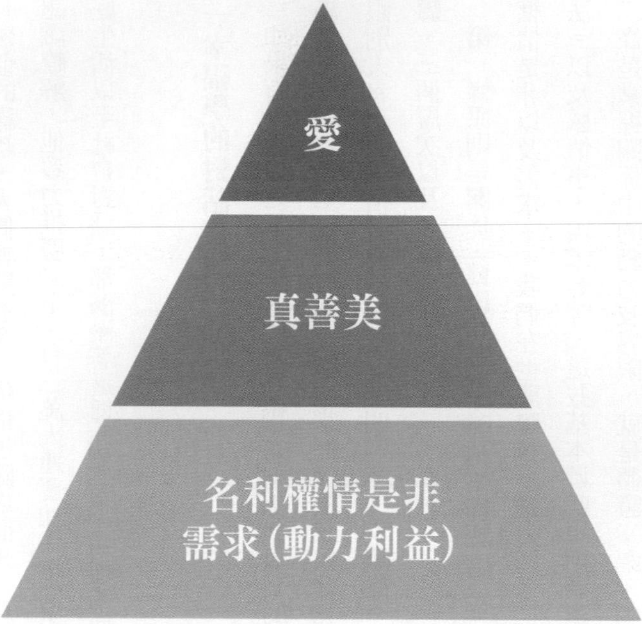

三一幸福學三個層次

活在愛的當下，對話幸福，幸福對話。

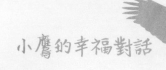

需求，不僅在意識層面，也在潛意識中。

如果能夠把對話雙方的動力激發起來，找到共識往那邊走，我會堅持我的真善美，你會堅持你的，但你只順著情緒走，可能會傷害別人或傷害自己，就不「善」了。

三個步驟是感受現象中的名利權情是非及需求（動力），感受動力結構，針對結點往真善美及愛的層次對話。三個層次由上而下是愛↓真善美↓名利權情是非及需求，一個重點是「活在當下」。

幸福對話造就美善社會

你看我直播的時候有些感官刺激，你的手機或你的電腦螢幕發出訊息，都是刺激源，進入您內心之後，啟動了反應，掌握界線分寸，互不傷害。比如說我們都想要談政治，我們都堅持主體意識，或者我們兩股力量都很討厭藍綠對峙、藍綠惡鬥，如果我們掌握這個動力就有共識，但是有這麼多人的動力，要如何掌握？

心理學裡面有一個心理社會劇，裡面有很多方法論，很多人一起對話的時候，要掌握什麼才不會變成暴力性的對話。什麼叫暴力性的對話？就是聽起來很刺耳、很傷人，兩邊謾罵起來，或者沒有聚焦，這就是一種胡亂暴力性的對話。透過心理社會劇的方法，產生優質對話？有三個步驟，第一是就事論事，感受現象中的動力，第二是去感受關係中的位置與角色，第三是化解新怨舊仇，凝聚符合界限的共識，對話前進，落實在行動中。

就事論事，不要太快有價值批判，先做中立溫性的現象感知。

比如說，我們來談開飛機的人要聯合罷工，這件事情先不要做價值判斷，這是幸福對話的第一原則，先做現象觀察，這些開飛機的人，指的是誰？機構可以初分為國家掌控的，像華航，有私人掌控的，像長榮。

公營航空公司跟民營航空公司的利益不一樣、結構不一樣，這可以區分開來，我們談一件事，先去觀察現象，分析利益結構、權利結構、理念、權情是非及需求，都是分析以及感受的聚焦，情緒也是個焦點，要敏銳地用心聽情緒，同理它，流動它，看到情緒後面的需求及想法，再慢慢導入社會位置，作利益結構分析。

機師薪水這麼高，有兩三百萬、三五百萬，可不可以罷工？從勞權以及現代民權的觀點，可以罷工，但什麼是勞權？勞權是現代公民社會，創造出來的概念，勞工除了領薪水做事情之外，有很多的權利，團結權、罷工權等等，這些機師們，他們的水準都不錯，也看過很多歐洲的罷工運動，工會組成也不錯，但要站在什麼位置來對話？

比如說我是納稅人，我不是機師，觀察這個現象要評論的時候，就會不一樣。再來

你若是華航的老闆或長榮的老闆，或是總經理，利益是不一樣的，你是地勤人員，利益也不一樣，在外面看戲的，利益不一樣。

如果沒有優質的對話，社會對話會變成暴力性對話，就是大家亂攻擊，那要怎麼對話？非暴力溝通是很好的模式，社會對話和家庭對話一樣，比如說老婆希望多花點錢去旅遊，老公認為錢不夠，面有難色，可是又不好意思講這個太貴，或者先生覺得太太在性方面沒有很配合，想在外面可能要外遇，又不敢外遇或不想外遇，想要跟老婆對話，可不可以交個女朋友，這些對話很有難度，但都是真實的需求。

如果你覺察到內心動力，千萬不要閃躲，所有的對話，有個很重要的原則就是真善美，真不只是真實的意思，還有真誠的意思，真誠一致的意思，我們要對自己內心的想法，清楚地真誠一致。我說的就是我做的，我想的就是我說的，我的感受與想法一致，人前人後一致，這叫真誠。

幸福對話的執行

幸福對話裡面有一塊叫職涯對話，就是你在工作場合，跟你賺錢有關的對話，跟賺錢有關對話，跟一般的對話不太一樣，這叫創造財富，創造財富也是一樣，你不要損人不利己，你不要利己損人，真善美是大原則，要努力提供價值賺取金錢。

需求就是動力，感受以及感情也是動力，權力的欲望也是動力，金錢的欲望也是動力，是非認知，比如說信仰社會主義，信仰左派思想，或者說信仰大美國主義，這都是動力。或者本土意識，一定要台灣獨立的情緒是動力。

所有對話，就是感受對話者以及自己的身心動力，不要急著批判，先感受現象。一般論述溝通方法的時候，就是傾聽、理解以及表達，這不是高階的溝通理論，真正好的溝通理論是跟大家在一起，專注在關係上，當然一定會有不一樣的意見，感受別人內心的動力，看到關係中的動力共識去發揮、去澄清、去核對、去理解及回應。

政治的幸福對話

有人說要用高規格檢視柯P的施政，不是說柯P一定做得很爛，只是用高規格檢視他，其實他施政好不好是一回事，但人格特質很厲害，聰明地精準掌握了中間力量，是一位對話專家，柯P是很好的演員以及對話專家，川普也是，杜特蒂也是，這些人在現代社會很容易成功。

但是我們看看他有沒有掌握真善美，如果講謊話或不善良，或是柯P在美感的部份

掌握不好，比如說他以前搞那個什麼花車花燈遊行，還有他的國際禮儀，真的是不太懂美感的人，可是很多本土選民就喜歡這個調調，台灣有時候就喜歡這種土性的人，這是台灣人的民族性。

肯定柯P的論述，中間偏左不藍不綠，這就是他要的，不一定錯，你罵他反而成就了他。對話有很多種，有一些是知識性的對話，像蔡詩萍的對話，有一點知性、有一點感性，這是他對話的風格。對話有時是要建立連結，網路上常常有人戳你一下，就是想建立連結，你在生活中，有些場域建立一個連結，這叫連結性的對話。

有些對話是要理解，比如說，你覺得一個員工或老闆，實在很白目或很可惡，不要急著批判他，你去理解他，看看他有什麼困難或人格特質？也許他的家裡發生什麼事，這叫為了理解的對話。批判性的對話不一定是講壞話，有時候我們自我批判，位置轉換，這是辯證思考，對嗎？錯嗎？互相辯證，現象觀察時先不設定社會立場，對話者不一定要中立，要透過明自己的社會立場。

我的主要立場

我最主要的立場是帶動社會正向優質的對話，第二個立場是支持英賴政府引導其更積極展現主權以及改革，新潮流是所有派系裡面，目前看起來最優質的派系，雖然已經務實化。

我個人支持蔡英文及新潮流的合體，他們做的不一定都是對的，因為我更高層次的立場是優質的社會對話，如果我只站在我自己的政治立場，這就不優了，對話有時候要轉換角色，把對立面講不出的話講出來，這才是有智慧的對話者。

你是什麼立場？有些人看不起台灣人，只要講到主體意識就懶得聽，白狼大哥有沒有看不起本土意識，白狼大哥是看不起民進黨，我覺得他的立場就是幹民進黨，挺中國共產黨，這兩個立場很清楚，雖然他曾經是兄弟，可是他在社會對話的立場很透明，對話的時候不需要中立，要透明自己的立場。

台灣媒體的立場如何？改革很重要，不僅僅是黨政軍退出媒體而已，財團跟媒體、政治人物、司法以及高等教育高度結合，是台灣最大的問題。我們不應該反財團，應該針砭制度，我們要有好的制度，讓民主機制能夠順利運作，讓財團合法繳稅，依循制度圖利全民。以媒體為例，媒體一旦有財團進入，就會有社會利益及立場，媒體要轉化為更優質，要請媒體透明其立場。

民視很清楚，郭倍宏董事長透明了他的立場值得敬佩，他創立一個喜樂島聯盟堅持主體意識，公投正名，有時候政治鬥爭，至少立場透明。要注意的是，批判假言論是社會對話中重中之重，立場不是公益卻假裝公益，政客講得花俏煽動，但未清楚說明所代表的利益核心，要洞察。

有利人民的社會對話

國民黨從一九四九年到今天，黨跟國連在一起，所有國家相關的，包含教育體制中，黨國遺毒都還很深。李煥當教育部長的時候，曾經公開宣布禁止某些思想，像存在主義，我聽過一位師範體系老師這樣講，以前不准讀存在主義。新潮文庫有很多書早期是被禁的，國民黨做了很多這樣的事情，那些事情深入民間、教育界，司法界、軍界、媒體界以及公務體系，媒體商業化後，要隨著民主化的民眾改變。

集體對話的現象，跟一對一的對話不太一樣，政客或政治人物要擅長，不然社會就會亂，我很欽佩黃國昌委員，他是一位對話專家。不管在太陽花運動，或者揭發獵雷艦弊案，真的很厲害，整體而言，他做了一個很好的社會對話示範。

雖然太陽花運動的朋友們後來衝進行政院，我覺得不可取，可是在戰略上如果不這樣做收不了尾，因為這樣做之後，剛好行政院長江宜樺對號入座，派警察打了學生，所有社會運動，尤其是堅持主體意識的，不稍微有點皮肉見血，很難收場。「八百壯士」真的很遜，其實訴求是有立論的，因為改革違反契約原則，過去的戰士受田證，國民黨政府答應我說，反攻大陸，回去有一畝田，結果沒有田的時候，要跟他要。八百壯士的訴求是有理的，可是不會操作社會運動，物極必反，死了人，社會罵你，說你們這些暴民，只會為了自己那一點錢，國家給你的還不夠多嗎？

黃國昌就厲害，以前不是有一個都更案，他在裡面，那時候有些政治操弄，後來請一些年輕朋友們出來道歉，不失真誠，他是很善於社會對話的高手。他敢講，例如有些立委還在任期中，去選縣市長，這是不對的，雖然立法委員會說，我如果現在辭，國家要花經費補選，這很浪費，可是如果你當選之後，國家還是要花經費補選，所以你講這句話等於是說，你一定不會當選，或者是說你不小心不當選，怕沒有位置。我必須肯定黃國昌委員，第三勢力才敢講這種話。

我覺得綠黨在桃園的浩宇，很有種，他不僅在環保議題上表現得很好，他反過來去批判同為第三勢力的時代力量，這叫社會對話的辯證。在合作中有競爭，競爭中有合作，不是惡意抹黑，我看到你在處理政事時的缺點，我就提出問題。

比如說浩宇說，時代力量有推廣過毒品，時代力量說沒有，你舉證，我什麼時候有？

如果社會氛圍到了醫藥用大麻開放的時機，是可以討論的，不用閃躲，大家為了選票，不敢談這些事。

後真相政治

牛津英語詞典選出「後真相」作為二〇一六年的代表字，客觀事實形塑輿論的影響，不如訴諸情感及個人信念。

政客心理學帶領大家洞察，客觀事實影響力不大，真誠的影響力很大，政論者在講事情的時候，不管事前、事中或事後，發現講的事情、情事跟事實不一致，政客如何回應決定了選民有關是否真誠的感受，如果回應不真誠，會扣分。社會對話若淪為感覺，那會是什麼?大眾情緒與真相之間持續拉扯，是當代科技媒體現象的重要特徵。

台大教授以外交官之名發表了關西水災的不實報導，傷害已經造成，客觀事實的呈現無法還原已死去的生命，政治攻防不以真實作為基礎的傷害已然發生。

政客信口開河，支持者仍會買單，感覺是接收媒體訊息時最主要的內心動力，真相則為次要，這就是所謂後真相政治。如果你講的東西與客觀事實不一致，事後修正的態度不真誠，或者你講的東西，傷害了人，即便它有可能是客觀的，你如果沒有掌握了倫理界限，以真實傷害了人，這不符合三一幸福學的最高原則：愛／善。

有些上屆輔選柯P的大將，現在回來批評他，如果批評的內容不符合倫理界限，這就是不善，即便是真實的，我認為會傷了你自己。政治評論者除了要真實、真誠之外，要掌握界限。三一幸福講的第三個原則，掌握關係中的動力與界線，界線不是唱高調的倫理道德，是要有分寸、角色以及關係定位，我們講話即便真實，但不能違反界線，界限是真善美中的「善」。

以上網路新聞關鍵評論中說到，選舉反映高張力的社會對話，不令人訝異，後真相政治評論已成為主流，假新聞太多，到底哪個真？和我有所衝突的話，我就說它是假的，若與我的情感或信念一致的話，它就是真的，或者可以把它說成真的。

真相尚未被文化及法律強制發生，若犯了譭謗罪，或者違反國安等等，傷害社會的假言論要法辦，沒有傷害社會的假言論，只好用後真相政治管理來看著辦。後真相社會對話現象，感受性的訊息比客觀真實來得重要。電視上有一位中國大陸民主人士去美國，來台灣後成為一位政論名嘴，不是曹長青，是在三立台，講話理性，曹長青講得比較煽動大家比較愛聽。

政客心理學講感覺政治是大重點，選民們、論證者，對話中要覺察，感受對話者及

閱聽大眾內心的動力，語言手勢所散發出的訊息，不要死板板的什麼客觀的政治，即便煽動也要真誠，主觀真實的重要性大於客觀真實，才有利推動優質的政治評論。

客觀的真實由幕僚去做就好，事後或事前評論就好，現場對話時，要抓到大立場、大重點、大情緒、大想法、大需求、該講就講、該聽就聽，回應每個人內心的動力，回應自己的動力和後面支持者的動力，回應你想要代表的利益動力，找到動力共識及界限，創造大眾幸福。

改革和革命的不同

大陸要打我們，大陸給我們利益，煽動及挑動我們，感覺的政治跟真實的關係？感覺的政治跟善良的關係？一旦我們講到善良，操縱感覺的人開始講正義，講到正義就血脈賁張，講到善良沒有感覺，很多人是這樣在講正義，搞不清楚正義是什麼。

蔡英文政府的招數定調，叫作改革進步路線，二〇二〇總統選舉會大談改革，改革跟革命有什麼不一樣？

革命是大改革，像李登輝前總統的寧靜革命，李登輝前總統任內民選總統，是台灣不得了的成就，一人一票，全世界沒有幾個國家沒有武裝鬥爭能夠有民選總統。老共

為何帥哥孫文，有很多女人？為何美女小英，嫁不出去？請閱讀寶瓶文化出版的《夾縫中的女人》。

九六飛彈危機就是要逼迫我們不能產生民選總統，沒有用，美國一艘航空母艦開過來，決定了一九九六至二〇一六這二十年間的美中台日四方局勢，川普上台之後，美日台和中國又進一步分化及整合。

一九九六年三月二十號台灣民選總統，是台灣很重要的一天，它是台灣的國慶日，十月十號辛亥革命，孫文大元帥率眾推翻滿清，是美麗的文化及歷史，我對孫文很有好感，但是十月十號辛亥革命，不是台灣國慶，我對孫文很有好感，但孫中山不是台灣的國父，我對蔣介石沒有好感，但歷史人物不可能只有過沒有功。

台灣的改革或革命，最重要的是身心靈社會的改革，尤其國民黨說泛綠人士在推動文化大革命，因為泛藍的人很討厭早期的國共戰爭，很討厭早期共產黨發動文化大革命路線，把國民黨相關人趕到台灣。

國民黨人認為批評泛綠進行文化大革命，會喚起民眾支持，其實有志之士要去想，台灣真的需要一場文化大革命，台灣真的要進行主體性革命，什麼叫主體性的革命？就是台灣本地歷史的政治性詮釋。

台灣大約七成人口的祖先經歷日治時代，也經歷明朝鄭成功時代、荷蘭人、西班牙人以及南島族群影響，當然也有大陸來的漢民族文化基礎，這是重要的文化革命基礎。我很清楚大陸東北的在一九四九年的鐵道名稱，我卻不知道家門旁的「美國街」，在美軍駐台時，是何種樣貌？當我作土地研究時，發現公館附近有個「永樂町」，內心的感動，想起了祖母的朋友，很像我在大阪認識的婦人，我真正血液中的文化在哪兒呢？

蔣介石在太平洋戰區接受投降之後，沒多久大陸也保不住了，一九四九年跑來台灣，在台灣推行中國大陸南京時期的憲法，也帶來一批精英，老實講這些外省族群大概八九成，很多知識分子，我叫做三民主義建設台灣成為模範省的這種愛台灣的前輩很多，可是蔣介石政權所帶來的這套史觀就是辛亥革命，還有台灣十月二十五號是光復台灣，其實是二戰結束。

一直到今天我們使用民國，都不是台灣的主體，台灣的主體性應是二千三百五十萬人的多數歷史，我們才能夠為自己想，不然就會偏到大陸那邊的思維。只要認同台灣這塊土地的主體性，都是台灣人，框上一個名不符實的中華民國憲法，以及在國際社會政治的場域，不能叫台灣，這就是李前總統所說的「不管外省人、本省人，愛台灣最重要的任務，就是以台灣之名而存在」。

我們無時無刻都要自稱台灣人，現狀就是台灣人，在沒有全民同意變成中國的一部分，包含一個中國、一中各表，基本上都是投降，台灣不能同意一個中國，如果一定要同意，那一個中國就是中華人民共和國，中華人民共和國是中國唯一的合法政府，中華民國在台灣不能代表中國，中華民國在台灣名不符實，只能代表台灣，既然只能代表台灣，為什麼要叫中華民國？因為我們有一部很可悲的憲法，大家要一起努力來修改這部憲法，還沒有來得及修改之前，要努力地去跟全世界講，我們是台灣人。

台灣是一個主權獨立的國家，憲法裡面的名字叫做中華民國，即便遭受到武力威脅，我們在符合美國跟日本的利益之下，不會冒進，也會努力地讓台灣就是台灣。

對話產生幸福共識

對話是產生共識的基礎，民主社會就是靠大家有智慧的對話，我們要看破政客的虛假，公民要主動參與政治對話，做為爸爸媽媽、兒子女兒，在家庭也要用智慧對話，不要隨便批判。

當我們看到人與人之間內心不同的動力、不同的利益、不同的需求、不同的情感，經由相互理解，找出最大的共識，這是社會對話最主要的精神，幸福對話和非暴力溝通相通，是後真相對話2・0版。

小鷹的幸福對話

第八集　幸福沒有顏色，幸福ＫＰＩ是需求滿足及自我實現

幸福非藍非綠也不是白色？幸福需要一顆透明的心，反映周遭的顏色。

台灣價值與台灣人的幸福

台灣價值是什麼？不是任何人說了算，是全民對話融入生活的「珍惜」，台灣價值是珍惜台灣的民主、法治以及確幸。

台灣價值如果不能帶給人民安居樂業，這種價值不要也罷。

台灣如何成為幸福國度？幸福的公民生活有很多層次，丹麥是很幸福的國家，人民的所得很高，不丹和丹麥都有個丹。但不丹人民所得不高，但是也很幸福。幸福的層次在需求的滿足，以及自我實現的可能。

台灣是主權獨立的國家，雖然在國際社會上，還沒有被百分之百以國家的名義被接受，但是眾所皆知，我們幾乎完全獨立，歐巴馬前總統公開向記者們說過一模一樣的話，統獨方向只是國家政策的一部分，其實質內涵是體證人民的幸福。

我在二〇〇二年時，參加市議員的初選，口號叫「拚品質」，品質的品有三個口，很多人覺得奇怪，又不是公司生產產品要拚品質，那時候我是指政治人物的人品以及論政品質，現在講幸福，大家要拼什麼？

第一個是拚身心健康，第二個是拚人民的基本需求被滿足，基本需求不是消耗奢華品，不是買豪宅，也不是買高級房車，而是食衣住行娛樂、知識、人際關係，還有自我實現。自我實現就是感受到生活的意義、價值以及熱情。

人生倒底有沒有個目的？生活是為著什麼？學生們天天補習，學習的樂趣被磨損得盪然無存，考試制度被這些學界大老們把持，政治現實讓政客演完戲後，還是得去鞏固票源及錢脈，至於考試制度？就留給政客的學生或老師，或者選舉時支持我的系統即可；老師們為著評鑑以及被評鑑，各個猶如生產線上的裝配工，先決定要作雨傘或球鞋，一切模組化，如果機器人可以取代學習的成果生產，那麼，「教育」就交給「網路教學」及「人工智慧」吧！人是機器及電腦的一部份，「雨傘人」及「球鞋人」的品質一定可以「高尚優雅」。

醫療體制也不遑多讓，我在創業投資公司服務時，曾負責管理投資一家華裔美國人

的新創公司，這家公司將醫生的診斷及開藥全部軟體程式化，一位醫生，或者不是醫生，基本上，你只要會問診及症狀描述，在軟體的使用界面中，點選完症狀，藥品的選項開立及限制條件便一目了然，病人是用藥體系中的一個輸入及輸出元件；醫生也很可憐，老闆們都是資本社會的要人，客戶又愛告！一位愛人的醫生如果沒被告到怕，為著幫老闆賺錢以及通過評鑑，一定必須不問青紅皂白開了一堆藥給病人，健保不是以治癒疾病為支付基礎，而是以來診次數及消耗醫療資源為基礎，錢沒有花在刀口上，要向德國取經改良本國健保。

醫生沒空凝聽患者以及仔細解說，醫生所謂的「專業」或「產業利益」，也只能在利他與利己之間游移不定；一位須要對空床率有感的醫生，要如何真正利他呢？只能鼓勵患者多「消費」醫療資源，別無他法，台灣健保的便捷價廉舉世稱羨，它的浪費及扭曲醫病善意，卻乏人真切關心，政策的錯誤比貪污更可怕。

上班族每天忙得比「寵物狗」還不如，想作隻「流浪狗」，連龍山寺附近都找不到位子，好不容易有一個補眠的空間，無論男女老少，都有被性侵、劫財及摳打的風險，幸好鄭捷已被政府作掉，而且那台小摩托車也沒被偷，騎到上班的路上遇到下雨，進公司遇上冷氣，到了下午就有了感冒症狀了，老闆們關心說，「明天你可以請病假去醫院拿個藥」，人事部說，「好的，你今年的有給病假還有三又四分之一天，回家好好休息，不要忘記去考證券營業員證照哦。」我很感恩，於是利用假日，投身轉向了醫院及補習班的懷抱。

法國文學及哲學家卡繆，他在《薛西弗斯神話》中說，每個人都是薛西弗斯，差別只在是否認識到這一點：「起床，公車，捷運，四小時辦公室或工廠的工作，吃飯、公車或摩托車，四小時的工作，吃飯及睡覺，星期一，星期二，星期三，星期四，星期五，星期六，大部分的日子一天接一天按照同樣的節奏周而復始地流逝。可是某一天，『為什麼』的問題浮現在意識中，一切就都從這略帶驚奇的厭倦中開始了。」

人出生在丹麥，或者是不丹，或者生在其他幸福國度，有自由去做想做的事，只要不要傷害別人以及自己，不管成為畫家或者社會運動者，或者想要成為一位總統、航海人、國際人、圖書館管理員，在幸福國度像丹麥、北歐這種國家，各類職務及職等都被真心視為平等接受的，一個人的等級在於其人品及人格特質，而非其社經地位。

思想相對保守的國家像台灣，有一套成長公式，小時候要幹嘛，出社會要幹嘛，什麼時候要結婚，結婚以後要幹嘛，老的時候要幹嘛，大家被資本社會的生產機制所掌控了。

我提出自我實現，自你生出之後，國家社會給予還不錯的基本需求滿足，就是食衣住行娛樂、知識、交朋友、學習，甚至簡單的旅遊，給你一個文化環境，現在台灣還沒有成型這種文化，人尚未被完全接納以及傾聽。

台灣社會有很多人處在邊緣，沒有機會發聲，或者發聲後大家不願意聽，而且台灣跟華人社會有蠻嚴重的種族歧視，看到比較黑的人，不管東南亞或是非洲來的，我覺得我們會去歧視，如果穿著打扮好一點，社經地位高一點，可能歧視會小一點，台灣人雖然很友善，在思想上相對而言，開放性不足。

幸福國度之面向

幸福國度有三個面向，第一、讓每一個人儘可能的身心健康，第二、每一個人的基本需求要被充分滿足，第三、社會要提供自我實現的機會及可能，人人被完全的接納以及傾聽，人人被平等對待及合作。

這是我勾勒出來的幸福台灣，一種基本需求都滿足下的快樂跟幸福，自由自在地去實現自我。針對國民身心健康而言，要保障老百姓有個睡覺的地方，沒有不適合人健康居住的環境，讓他好好的回家可以睡覺及休息。

有時候我很早到公館的摩斯漢堡吃早餐，看到很多上夜班的人跑到那邊睡覺，為什麼政府或社區社群不能提供給每一位國民，簡單的休憩或睡眠的地方，讓大家有很好的睡眠環境、運動的環境以及飲食的環境。

捷運地下街可以改良成為市民雨天時運動的地方，各地要廣設讓民眾小眠之處。日本一些大城市，發展出午休的地方，台灣還沒有這種服務，讓每位國民有很好的休憩之處，便宜方便安全，在火車站那邊有一個小型的那種子彈型船艙空間，那種小小一格一格的休息地方，是很不錯的。

我們食安的控制還不夠好，在英國及丹麥有課肥胖稅，廠商產生的食物會造成人民肥胖，要課多一點稅，肥胖真的是健康的大問題，你在外面怎麼吃都會胖，因為商家為了大量生產，降低成本，引發大家的味蕾，一定會加些糖之類的，甚至油炸這種東西。

政府讓大家有一個好的居所休息、飲食的環境，再來很重要的，保障人人都能有他喜歡的工作，就業輔導中心要有戰略性的積極，不是被動地接受求助，保障老百姓選擇他喜歡的工作，要從學校教育開始去培養學童有關各類職業的興趣，而且這個興趣能夠產生自己跟他人的價值，不只是賺錢，當然賺錢很重要，但是工作如果不是自己喜歡的，或者不是有益他人的，也做不久，對健康也沒有什麼幫助。

政府要發展出夠好的工作環境，協助老百姓，從學校教育、社會教育、就職教育以及家庭教育，大家都能找到喜歡的工作，而且要強迫他去工作，如果他有工作就有社會福利，社會福利要綁住工作及家庭，不然大家不工作不成家，享受社會福利，這樣就沒有意思了。

台灣產業自治大聯盟

社會福利要如何綁住工作？一般中小企業沒有能力提供足夠的員工福利，我個人推廣台灣產業自治大聯盟，將台灣產業分成三十類以下數目，依產值、員工數、社會影響力、納稅總額等等均等分配，產業上中下游、大型公司、中型公司、小型公司、老闆、員工組成一些聯盟以及對話平台，共同照顧員工，公司之間雖然有競爭，但面對共同的環保問題、勞工問題、產業問題以及國際競爭，是須要有效的對話平台。

坦白說，台灣政府提供協助不多，台灣沒有所謂大企業，大企業被中國或美國綁住，政府要協助中小企業以及大企業，產生一個聯盟，賺錢的企業要課稅，不賺錢的要免除各類規費，不會賺錢的公司不該讓它存在。

高稅賦是基於法人或個人賺錢，把稅金一部分撥給這個產業大聯盟，我稱它為「倫理基金」，配合國家的社會福利，讓有工作的人，能有很不錯的社會福利，比如說產業住宅，園區有一些有錢的公司，開始這樣在推行，可能還沒有能力自己蓋，他們補助員工去買房子，為什麼只有園區的公司可以？

全台灣各產業聯盟可以有自己的金融機構，比如說台灣的土地銀行，可以大量釋股給全台營建公會、建築公會、房地產公會等等勞資聯盟，員工是工會的一員，也就是產業銀行的股東之一，其架構會是擴大及嚴謹的北農公司。

產業聯盟及其銀行，可以搭配興辦產業住宅，以及員工各類生老病死、教育的相互協助，A公司員工跳槽到B公司，是A公司幫B公司培養人才，大家一起照顧員工，大家一起賺錢，賺多錢多繳稅，沒賺錢一切免稅，繳很多稅的產業，政府再撥一點回來成為倫理基金，再照顧企業底層及外層。

政府拿稅金做老闆，變成國家資本主義，稅金要回饋稅源解決產業勞工及環保問題，稅金拿給政府作老闆，養政府官僚及產官學，政府不要變成大政府，自己做老闆，政府是規則及制度的制定者及協調者。

內政部住都基金數百億，公辦都更是大政府概念，政府自己做老闆沒有效率，台大醫院花了這麼多錢，王永慶說他只要投資五分之一的金額就可以把它蓋起來，這很可能

是真的。

BOT也不好，你把大巨蛋大工程包給一家公司，只要換不同黨作市長，不管怎麼做都會被人家攻擊為圖利財團，要有一種財團法人式的複合產業大聯盟，圖利大產業的員工及週邊，提高效率及效能，圖利全民。

比如說飯店觀光工業形成一個大產業，劍潭、圓山、美僑聯誼會、美國在台協會、中山北路、美術館、花博及士林夜市等等整成一個桃園機場進入台北的觀光門面區。某部分包給飯店觀光聯盟，他們會整體規劃，我們不圖利一家廠商，把產業財團法人串聯起來，成為利及員工的福利，才會有大量的公民及選票支持。

歐洲這樣的聯盟，自己推政治候選人，常常因為有經費、有票，還蠻容易當選，政府很難控制。政府不要怕不好控制人民，民主社會要把權力下放到每位公民，要下放到每個大產業，到每一個社區及大學，這就是公民社會的演進過程。

社會對話的文化是公民社會的基礎，對話中相互修正、理解以及合作，感受清楚的利益結構及現象，區分社會位置的利益差別，不要高喊道德、高喊正義，每一塊不同的利益，端看公民智慧如何去切塊？不是只有勞資對立，勞資難道不能合作嗎？勞資絕對要合作，對話平台的建制是信任的基礎。

民生社區的防火巷弄，公民自發美化，是社區的美及善。

參考丹麥左派

台灣人很有競爭力，但企業的經營環境不佳，中產階級很優秀，但在台灣無法生存或只能領低薪，大企業不夠多，人才競爭削價，老闆無須付高薪，能力好的只好去新加坡、去上海、去北京，能力更強的直接移居美國，台灣怎麼會強？有競爭力的勞工跑得差不多了，這是台灣的大問題。

要創造一個社會福利完善的社會，不是抑制產業發展，這種論述叫做開放的左派，左派不是共產黨，左派是社會集體福利的全正義，像丹麥就是左派，丹麥是開放的左派，大多數生產原件（包括土地）是掌握在私人手中，所以丹麥不是共產主義，他們也不自稱福利國家，他們自稱合作以及服務的國家，歐洲很多小國家都是這樣子，丹麥路線台灣國是我個人的祈望。

以前古巴和很多國家是封閉左派，國際間的人事物交流被限縮，保護自己勞工，保護國叫做封閉國，開放的集體式，讓台灣溶入印太戰略聯盟。我們很多產業要綁住美國系統，不只是武器，美國在台協會在推美國文化，台灣人買美國這麼多武器，很多台灣人移民到美國，卻對美國文化不太了解。

台灣給老百姓高品質基本需求包括工作上的滿足，不管你是合法的妓女或者腳底按摩師傅，沒有人因為工作的狀態或性質被歧視，只要願意工作，找到喜歡的工作，都要被平等看待。

歐洲一些國家比較有平等的概念，平等不是齊頭式的平等，平等也不必然等於機會平等，因為如果平等不是齊頭式的平等，那麼怎麼會是機會的平等?我要講就是，平等是每一個人被平等對待、被平等的接納、被平等的傾聽，這叫平等。

人的基本需求大同小異，一個社會發展到一個程度，基本需求要提升，最後衍生出自我實現，這就是公民社會的實現。每一位國民的自我實現要充滿可能，窮人和富人的機會要儘可能相等，從出生開始，社會要協助公民找到生命動力及意義，很多台灣年輕人覺得生命沒有意義，不知道要幹嘛?到底要不要去大陸?

台灣算是亞洲裡面比較有文化根基的地方，即便如此，年輕人還是覺得生活飄茫，不知道意義在那?社會要協助年輕人發展意義，願意留在台灣，人在國外的台灣人心繫台灣，這才是叫做台灣成為一個幸福國度。

我政大企管系以及美國ＭＢＡ畢業，做創投多年，很懂得右派的資本社會該怎麼做，台灣要先有大方向，先架一個丹麥路線，科技及國際軍事戰略學習以色列，經濟自由學習新加坡，文化戰略參考日本，可以成為福利國，不要成為保護國，我稱它為「美善社會」。

什麼是居住正義？

你到龍山寺看到很多遊民，沒地方住或居住環境很差，這很不正義。這種沒房子住或者居住環境很差的事情，以及房貸或房租壓迫居住者身心失調，如果在台灣社會上有一定比例，這就是台灣的居住正義做得不好。

總體而言，台灣的居住正義做得還可以，雖然房價在台北市是偏高，可是你相較於香港、東京、倫敦，甚至比美國大城市，整個台灣的居住正義沒有做得很差。

政府沒有義務保障每一個人在蛋黃區都買得起房子，比方說台中沒有很貴，台北的週遭外圍較偏遠處也沒有很貴，你認真工作，都有機會買得起房子。

政府要保障每一位公民，工作十年之後，有機會能夠付頭期款，可是買房子不是重點，政府可以透過企業、社福單位，讓台北市的居民、中南部來的、國外來的人，提供可以健康睡覺的安全小窩，這叫居住正義。

全台灣的房屋自有率很高，什麼叫房屋自有率？就是居民所住的空間，如果不是自己所有，就是親戚所有的比例在七成以上，這數據沒有假，大部分人自己或親戚是有房

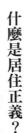

子的，大約有三成的人在台北市，他是租房子的，所以在台北市打壓房價，你會打壓到快六成以上的選民利益。

台北市精華地區房價的確過高，這個現象無關居住正義，正如同交通正義是保障每一位國民移動的便捷、安全以及經濟實惠，而不是去打壓賓利汽車的車價。

經濟社會中，任何的炒作都應該被節制，尤其是民生食衣住行基本必須品，打擊炒作不能浮爛，二〇一六年一月一日，台灣實施房地合一實價課稅，已明定短期持有房地產賣出獲利課徵重稅的政策，我有很多朋友都是受害者，政府應該要細緻化防制炒作的機制及執行。

我們要去照顧那三成租屋的人，或是照顧那些繳房貸很辛苦的人，或者成家購屋壓力很大的青年人，政府要提供一個環境，讓他們付得起房租，或付得起貸款。新加坡的公共住宅，政府給予有工作的人們一個低總價、低頭期款、長分期、中階品質的好宅，台北市近郊交通便捷之處，最適合興建此類社會住宅。

台北市的精華區，像是松山區一帶，若用政府的錢蓋社會住宅賣斷給市民，不是正確的方向，精華區的土地像仁愛路空軍總部，出租給民間的保證金及收入，可以在林口、北投以及文山區等等，蓋出更高質量的社宅，圖利更多的弱勢，政府施政不能只搶明顯

政績，要有財務上的機會成本概念。

松山區的出租健康宅，是容易看到政績的，不是治本之道，應該把一些閒置房地產，不管教育單位、宗教單位，或者一些私人所有的空置房產，提供獎勵出租利用，要立法鼓勵大學生入籍大台北地區的校址，如此團結學生權益向民代溝通，才能有效解決大學生有關「住」的問題。歐洲有些大學和市政府協商，將河岸限建土地變更為人文藝術河岸宿舍，可以參考。

不管是做商業文創使用，或者做民宿使用，公有閒置空間流行ROT（重整、營運、轉移）的概念，這個很好，像松菸或者華山文創，可以擴大將各教育、宗教、國防或民間閒置土地或空間，政府提供一個安全的建築物結構，民間團體負責裝潢整修及營運，我很懷念過去在信義路新生南路口的國際學舍，希望中央能和台北市政府合作，儘快完成一個台北市的國際學生創業中心，兼顧文化交流與居住的方便。

供給增加，租金或售價就會下降，租金下降，房價就不容易暴漲，買房者會專注於經營房地產的收益，賺取經營利潤，而非空置地產等待增值。

房市熱絡但空屋降低，是經濟健康指標，房市熱絡但空屋增加，不景氣就快來了，實際使用房產要被鼓勵，買房空置等增值要被限縮。最近有一個很奇怪的數字是，台北市的租金增高，是否因為很多人買房子暫緩，先租房子，這是好現象，但是台北市的租屋中心資料量不夠大及透明，不利消費者有效租屋。

整個台北市，除了北投山上、木柵山上以外，大部分都是精華地區，買得起精華區的房子不是基本需求，土地私有化的國家如日本、美國、新加坡、香港的精華地區房價，絕對不是每位國民買得起的，政府有義務保障每位國民有一個適合身心健康居住的小窩。

政府推動出租健康宅是正確的，只要你有工作能力，在你工作的附近，即便你買不起房子，搭個捷運三站五站，三十分鐘，或坐個公車，到你工作地點的這個距離裡面，你租得起環境尚佳的房子，這個工作的前五年、十年，可以安居樂業存一點錢。

現在大家仇富打房，房屋或土地若要防制炒作，課重稅就好了，買不起勞斯萊斯，買不起寶時捷，就買一台本田或豐田來開。為什麼說賓利或勞斯萊斯太貴，要打這個車價及精華區的房價，這沒道理。

台北市不管在大安區、松山區、信義區都很貴，如果能夠出得起頭期款的，大概是全台灣財富比例至少前一半的，那下面那一半的人，政府沒有義務保障他買到精華區的房子，但是應該保障他在工作地點附近，至少租得起房子。

炒作及賺大錢者課重稅，無須打亂市場機制，自由市場供需會自然平衡，只要是稀

有資源，不管是土地、房屋、鑽石、石油，有一種很自然的價格律動，政府只要去規範沒有投機性的炒作，其他就是供需自然的平衡。

如果政府或民意認為房價過高，只要釋出閒置土地跟空間，房價馬上降。台北市有多少閒置的土地空間，掌握在宗教團體、軍公教、國營單位，有錢人有很多土地房屋空在那邊，你只要課稅讓它動起來，而且房屋自有率將近八成，打房會打到大多數。

如果空間出租利用，就不課空置稅，供需平衡不是用打的，供給增加，價格就下降，但是要提供對的供給，不要那種炒作性的房子供給太多，又繼續炒上去，這有經濟專業在裡面，經濟方向要政府提出來。

過去社會宅賣出去很多是在幫助假弱勢，讓假弱勢賺一筆錢，不管是軍公教或者是低收入，大家湊一湊身分，買一個便宜的社會宅，真的很窮的人買得起社會宅嗎？有一部份是假弱勢，是民粹操作。

台灣走上丹麥路線，是大社會企業的概念，利用資本社會的動能，讓房市及收益性房產經營活潑起來，打房是愚昧的，提高供給，房價自然跌下來。房事是大事，整個台灣的土地規劃是大事，也是經濟發展很重要的事。房地產要開國際標，將國際集團引入淡水、台中、高雄以及花東整體開發。

台灣的產業，像半導體業台積電等等，要擴大競合至太陽能光電業及晶片設計業的整體。台灣有沒有能力生產台積電半導體廠內的機器，很難，台積電可以做晶圓代工，晶圓代工的機器，還是美國的應用材料公司在做，台灣半導體產業集結起來，看怎麼升級？

中美貿易大戰的中後段，台美日印太體系綑綁團結，中國給你好處，哪天又抽回來，政治操作，想把我們主權吞併，各行各業都是一樣，不管跟你買虱目魚或者作晶圓代工。

新光跟大陸合開百貨公司，開到一半大陸自己人起來把台灣人弄掉，太多人在大陸做生意最後被利用完就被弄掉，中國隨便找個稅方面的問題就把你趕走，大陸逃漏稅可以判死刑，和大陸合作，我們要做根本性的改變，團結台商，絕不走回對抗的老路，也不在壓力下屈服。

吃的正義

吃有沒有正義？全台灣超級市場，例如頂好及全聯，每天丟掉的食材很嚇人，如果台灣各社區有一個機制結合起來，把剩下的食材轉到需要食物的一個烹調中心，分給沒有食物的人，這是正義。

台北市能不能有許多幸福農場、農社以及合作社區？政府的權力，粗糙地下放到網路公民，會產生民粹，要將權力下放到社區、產業以及大學，社區農場結合示範廚房，是實踐吃的幸福與正義的開始。

飲食正義要去審視合法標籤的食物，添加物很多，實證上也許對人體無害，其實是在實驗範圍裡面，嚴格來說像香菸就是，大部份醫生也許會說，只要抽一根香菸對身體就嚴重有害，為什麼要合法？食品的添加物，有些成份對人體的害處，可能不亞於尼古丁及焦油。

除了香菸以外，食物高度加工包裝，放半年一年三年不會壞的食物，若您去問營養專家，可能十個有九個會說，對人體有害，但是實驗數據說在什麼劑量以下沒害，這裡有飲食正義以及體制產官學違反全民真善美的可能。

先不要講餿水油那些事情，那件事比較政治炒作，這個社會沒有好好把吃這件事照顧好，政府配合財團產生資本社會利益，沒有真的在飲食正義上創造幸福。

穿的正義

美國前一陣子有個主流派對，華人穿了旗袍引起軒然大波，美國反中，主流派對反對穿中國旗袍出現的女生。

大家想一想，台灣的穿著文化，是不是有一點主流壓制非主流，或者我們衣服從需求面回生產面，以及回收環保層面，是不是有很多浪費，舊的衣服放在社區鄰里回收，有沒有圖利某些財團？

最近新聞有一位很棒的善心人士收舊衣，整理後拿到夜市去賣，每一件賣三十塊，集結不少錢捐給慈善機構。台灣可以分區，或大學、醫院、教會、禪修中心以及補習班等連接起來，讓每一個社區，有個完善的巷弄街道經濟，把舊衣回收形成一個可以提供工作及收入的社區產業。

大家上網看司馬庫斯，躲在新竹山上，原住民返鄉歸巢，有很好的生意做，可以照顧太太小孩，還可以孝敬父母，民宿結合觀光，生老病死，長老教會讓大家有個小型的

理想社會。

法鼓山裡面的生活，食衣住行育樂，有很多工作要做，是一種幸福的經濟體。幸福社會不一定要薪水高，像不丹，薪水變高後丹麥、瑞士，要靠產業轉型。人人要被平等對待，每一個人的基本需求，尤其是健康生活要被支持，自然的動能啟發起來，自我實現，就會報效國家、報效家庭。

一種壓抑、壓迫、壓制的社會是動不起來的，無法創造幸福也不會有高薪，也沒有什麼大確幸。

交通正義

交通正義是什麼？機車這麼多交通怎麼會好？有一個機車黨，機車當然可以組機車黨，但是全台灣的機車密度是亞洲第一，我個人認為，全台灣的汽機車，全部變成電動車，也許十年後十五年後，你不這樣強力下去，你怎麼帶動產業轉型？

小型機車是從家裡到大眾捷運系統的交通工具，機車雖然方便，可是機車造成的死傷，及其使用的過程中社會成本很高，我們要照顧到這些沒有錢買汽車的人，他可以用小型機車騎到附近的捷運站，捷運站附近要廣設機車停車位或機車停車塔。機車騎士有時候要穿雨衣通勤很可憐，騎機車到捷運站放著，很快而且很便宜的收費，就去換捷運，我認為未來機車的這個功用，不是坐長遠交通的，這叫交通正義。

大巴士會不會太多？大巴士改成中巴士、九人座或六人座的。如何讓每一個人的基本交通需求得到滿足，而且這個滿足不會造成社會成本過大，例如污染或交通事故，台灣交通很便捷，可是污染跟交通事故頻傳，這就是不正義。正如同健保價美物廉，但醫療資源浪費以及醫病之間的善意被扭曲，乏人真切關心。

休閒娛樂正義

台灣的休憩運動空間都還不錯，看個電影，聊個天、喝咖啡，政客心理學看城市中的建築樣貌，可以看出社會潛意識。台灣人假日聚在一起展現社會美感，好像四川人泡茶閒聊、嗑瓜子，這是休閒，政府可以在休閒中培養城市文化或養生氣息。

台灣太常下雨，可以學學日本，捷運口出來有很多遮雨棚，以前我提過信義區的大樓與大樓之間可以有天橋，二十年前提的，後來真的有做，我上次在一九九九市民熱線上說，捷運出口放愛心傘，還真的放了。

捷運口出來，結合商圈設雨遮，效仿日本捷運和人行步道商圈合一，還沒看到政府

我高中以及大學都是游泳隊隊長，在美國及台灣參加過幾次三鐵運動，沒有認真練習，過多的運動對身體也不是很好，我騎車曾經拉傷腰肌，我一位師丈摔車成了半身不遂，騎自行車及機車都要小心，台北的運動空間不錯，下雨時缺乏運動場地，部份捷運地下街或可結合運動散步功能。

作，也許涉及面比較複雜。

很多運動空間，沒有室內機能，或半室內機能，一下雨就沒辦法運動，除了健身房以外，室內或半室內的運動空間不夠，我建議捷運地下道，可以設計為運動空間。

弱勢正義

職場上強勢欺負弱勢就是不正義，在上位者欺負在下位者，壓制就是不正義，我們要保護弱的，弱的不一定是少數，比如說中低收入，可以是全民的低層百分之三十，這夔多的，不是百分之十及百分之五的底層才叫弱勢。

我們幫助下面的百分之三十往中間移動，中間往上面動，讓有錢人更有錢，繳比較多的稅，社會要把榮耀頒給繳稅冠軍。台灣社會充斥著仇富，反商的現象，大錯特錯，要尊重認真繳稅的商人，然後很認真的課該課的稅給予榮譽，政府有責任，有效率使用稅金，要有機制，讓社會團體、財團法人式的產業聯盟來使用部份稅收降低產業的社會成本，創造更大的稅基以及產業員工福利。

我在美國南加州橘郡的爾灣市完成碩士學位，爾灣整個城市是一個大型的公益財團法人在規劃，規劃的非常非常的好，台灣的新興城市可以考慮這麼作。不只是土地，各

產業自治講得太淺，只談到產業聚落的連結，可以更廣一點，像北歐國家丹麥將產業聯盟起來，跨國化。但要小心中國，中國永遠有政治目的，決不走回對抗的老路，也不在壓力下屈服。

人民的基本需求有很多層次，最重要的層次是要被尊重，受害者及加害者都要尊重，男權女權都要尊重，有趣的是，男權其實很低落，男生常常在文化中要做男子漢，男人為什麼不能吃軟飯？可以探討一下。

弱勢是變動中的弱勢，弱勢有時候強，有時候弱，看起來是被害者，透過媒體引誘正義魔人霸凌所謂加害人，弱者可能又變強勢，或者是假弱者、真魔人。對大家都很好的一位善良的老師，私底下逼學生以及下屬寫專案，搞什麼積分積點，這種事情已是不能公開說的通案。

社會對話中，要看到弱勢是誰，認真聽弱勢講話，發言權是最重要的權利，大部分弱勢沒有發言權，也不知道怎麼發言？我們要協助弱勢在適當的情況下發言，因為他被權力壓制著，像尹清楓、洪仲丘事件現場錄影帶怎會忽然被消磁？軍教單位裡面常有霸凌，不管有沒有人死，最後裡面的人將它搓掉。尹清楓案即便不破案，要講清楚裡面相關的人，即便不是他幹的，這些人一定知道，即便辦到郝柏村，這種結構就是要打破，這都是黨國遺毒，民進黨最好不要步入這個後塵。

幸福社會的每個人都被接納，不管你有沒有基因缺陷，或者犯罪、暴力傾向，但不是任何人做的事情，每一件事情都是對的，至少要被接納，被傾聽，這是幸福社會的基本要素。

正義的基礎是公民社會的對話

正義是透過對話協商決定的，教育是最重要的正義，因為教育提供你知識，知識是人民的基本需求，很多人在喊托嬰正義，就是便宜的公幼。但公立學校品質，遠不及私立的，私立這麼貴，還要排隊，公辦托嬰，現在大家要抽籤，私立托嬰利益的既得者當然會反對。

我們做社會評論，不要只看某塊利益，要整體的看，從出生到就業，中間你接受學校、社會很多教育，這裡面有很多的不正義，不正義不只是花錢的問題，台灣的民粹常常把正不正義導引入補助，讓這些人少花三千塊或五千塊或一萬二的政策叫正義。

台灣的基本教育有什麼好？台灣教育爛得可以，台灣的教育無法接上現階段社會所需，不只是技職教育出問題，很多人把教育導向培養證照，把學生工具化，訓練學生成

為社會的工具，這樣的教育不會讓人們快樂，教育是人的教育，不是工具的訓練。

教育後出社會賺錢穩定很重要，可是大目標是幸福跟快樂如是如是前提，可以賺更多的錢，你的生活也可以更穩定，很多國家做得很好，教育的正義，是一切正義之最。

工作職場的正義以及勞工有什麼權利？團結權、罷工權、協商權，這都是人發明的，台灣的勞工要有什麼權利？我們勞工權益被你放到哪裡？勞資不是對立的，勞工一定要跟老闆合作，勞工跟老闆怎麼合作？除了罷工協商以外，還有很多合作的方式。

公司法最近大修，勞基法考慮加入責任制的定義，這是大事情。證交法規範，上市公司的處理，不見得跟勞工有關，可是很多上市公司的員工拿公司股票，拿公司股票就受到證交法的影響。

性的正義是什麼？兩個單身的人，不管是男男、女女或男女，他們可不可以交往？當然可以，他們可不可以結婚，現在正在討論，這是有關正義的討論。

高所得高課稅

稅率以及台灣的產業升級、正確的國際化，是台灣拚經濟的重點，該國際化的部分沒有國際化，不該國際化的部分被國際淘空（高等教育內容及軍事），產業該怎麼升級？

西元二〇〇〇年左右，我在力晶半導體黃崇仁身邊工作，我看到許多半導體、軟體、通訊業等等從新創到成功或失敗的例子。

幸福社會該開放就要開放，讓大家認真賺錢，私立學校需求這麼高，為什麼不開放？開放之後認真課稅，把它導向社會公益，為什麼要禁止私立學校的設立，或給予很多的不方便，很多人要進私立學校先排隊，政府為什麼不多開放。多開放之後，私校的收費就會降低。公立學校提供普及教育，私立學校專注特色及特殊才藝發展，雙軌併行相互加分。

公立學校下課還要補習，這問題沒有人看到、指出及試圖解決，公立小學下課，大家都在補習，仁愛國小你去看看，下課小朋友都在補習，這很無聊，政府搞教育搞得治標不治本。台大管爺也是一件事，教育問題是台灣的根本問題，教育以及媒體創造了台灣文化的根本，被奇奇怪怪的扭曲，社會怎麼進步？

台灣要成為一個幸福的國家，而非強大的國家，丹麥是很強大國家嗎？不是，以色列很強大嗎？也不是，新加坡很強大嗎？北韓過去依靠中國，現在開始要靠美國，台灣要如何成為幸福國家？而不是強大的國家。

幸福對話的宗旨

我們發展幸福對話，每一個人都有平等的發言權，懂得如何溝通跟對話，懂得如何相互尊重跟了解，培養洞察能力看到社會問題。不懂對話的人，要有文化去培養他們漸漸正向理性以及丹麥式閒聊，如果他們真的講不出其需求，要有人協助這些弱勢確認其身心需求。

所謂社會結構指的是社會問題中，它所牽涉到哪些人以及利益結構，如果一個人代表一個利益，這樣很難溝通，一件事情最好能夠區分成五種或七種利益，如果只有藍跟綠的利益，這個社會不會進步。

當我們談政策不是藍政策跟綠政策，而是產業政策、社會福利政策、勞工政策、教育政策等等。每一種政策涉及的老百姓不同的基本需求，優質對話協調需求的平衡，漸漸成為幸福國度，不管是洪仲丘事件、或是尹清楓事件，或者是打到陳水扁肚子的子彈，台灣的軍公教系統、司法系統，體制裡面充滿著不可告人的黑暗，社會對話揭露台灣問題的根源，大家真誠對話。

三一幸福學的主軸就是以真善美駕馭系統情境中的身心動力，懷著超越的心，助人的心，做利益的事。

小鷹的幸福對話

STGW 這個「樂團」名稱，是我大女兒發明的，她說 S 是 Sam，我作為爸爸，T 是 Tori，我太太作為媽媽，G 是她自己 Grace，作為女兒與姐姐，W 是 Warren 是她的弟弟（四人樂團中最小隻最可愛的那位，又稱為阿布弟 Abudi)。

我們四人是「樂團」，以我與大女兒為例，是真實的，因為我們倆都「有一點吵」，我太太曾經好玩地說我是電視上的那位「葉教授」，愛說教。我女兒呢？真的是聲音比較大，太太與兒子客氣而安靜，但他們會一起唱和，所以叫作「樂團」。

我們的「成名曲」是一首美國兒歌 -Skidamarink （愛之歌）

I love you in the morning, 我早上愛你
And in the afternoon. 我下午也愛你
I love you in the evening, 我晚上愛你
And underneath the moon. 月光下我也愛你

由於陪阿布弟看 YouTube 兒歌，這首歌不斷地在我腦海中迴響。

那天工作後，一上樓，看到姐弟倆及老婆在起居間出入口，我順口唱起了這首歌，也搖晃了起來，阿布姐搶著要當主唱，還把她的韓國扇子拿了出來擺舞，我在後面伴舞，阿布弟作為觀眾手舞足蹈笑開心，媽媽在旁邊注意安全，幸福旋律轉 Key 加溫。

最近發現丹麥有個樂團四人組 Mew，他們從幼稚園就認識，我們家樂團從結婚就認識，人一生旋律，陰陽頓錯，情緒用肢體表達，用音樂更正。

我的原生家庭呈現了單親但有雙倍疼愛的主調，不少朋友以為我是單身主義者，真的認識我的人，對我曾經準備出家一點兒也不意外，安和路 Space Yoga 的電梯中，我與我太太攀談，是這支小合唱團的緣起。

第九集　三一幸福學

三一幸福學也可說是三一幸福聊遇，聊天的聊，遇到的遇，它是處遇與遭逢的意思，和丹麥式閒聊以及美國的非暴力溝通是相通的，我稱之為幸福對話。很多人問我，何謂「暴力溝通」，我的詮釋是：凡是讓對話中的他者及／或自己感到不舒服的溝通，就是暴力溝通，大部份的暴力溝通是文化形成的。

三一幸福聊遇和對話

幸福對話首先要從關係下手，當我們聚焦在對話中的自己或他者，都會讓幸福迷失，我們要聚焦在「關係」。當我們觀察政治的時候，要看到我們內心投射的是：做為一位公民的心情，還是做為一位女人的心情。公民政治與性別政治有不同的關係投射。

我們內心對自己的概念，還有跟他人的關係概念，所有一切對象，心理學稱它為「客體關係」。在生命中自己和他人的關係，活在當下的關係脈絡中，這就是「三一幸福學」

的始點。

每個人心裡都有一套客體關係，主導著我們如何面對世界，好像西藏唐卡，中間有修行人、佛父、佛母，他的師父們，旁邊有很多天龍護法，形成一個幾何圖形曼荼羅，中間有一位修行人，旁邊有很多不同的關係、場域、脈絡，這是幸福的關鍵。

幸福對話可以運用在社會、政治、公司、家庭與個人的自我對話上，當我們靜下心來，看到對話當下的情境脈絡，各類關係的動能便能清晰萌現，我們在關係中，抽離出兩個比較重要的東西，一個叫健康，一個叫做財富。關係、健康、財富，無需平衡要合一，平衡的概念是把這三件事拆開，關係、財富、幸福在實作上，是三合一的概念，以自我關係為主軸，專注在健康、身體、財富、資財，和一切資源的「客體關係曼陀羅」。

我是否愛自己？我是否尊重自己？這是三一幸福學中很重要的概念，叫做自我關係，自我以真善美駕馭「名利權情、是非以及需求」，人類互動的基本元素：名譽、名聲、權利、利益、情感、情緒、是非、理念、鬥爭，以及需求（生理需求、安全的需求、自尊的需求，人際工作的需求、自我實現需求）。

什麼是真善美？真就是真實，善就是不傷害自己和他人，美就是一種運作的流暢，以及自他交流的美感。如果我們運作權力、利益的時候，違反真善美，能量會墮落，如

「美」是自他同理的過程

您看這張照片上的我以及後面的畫像，若您能感受我照像時的心情及動力，同時感受到您看我像片時的所有感受，正向的感受，就叫作「美」，負面的感受，就叫作不美。

果我們運作名利權情，同時掌握了真善美，能量就上升。

能量是什麼？一切存有皆是能量，金錢是愛的能量，金錢是愛的代幣，健康是能量的平衡與暢旺，人際關係是能量的修復與流動，能量在本然的秩序中展現愛，是謂「界限」。

三一幸福學在講一種人與人之間的互動，如果我們能夠好好跟自己、他人進行身心對話，覺察關係中的身心動力，動力中有名利權情是非需求、業力、願力以及定力。對話要萌發洞察及洞見，落實在生活中。

「行動」是很不簡單的概念，很多人行動時沒有動力，或者不知道怎麼做決策，決策是須要練習的，決策歷程從問題定位、價值判準到對話中的理解、表達及整合，處處是學問，處處有覺察。比方說，這個人為錢而來、情感而來、權利而來、是非認知而來等種種不同動力，也可以講到佛法裡面的願力、業力以及定力，過去一切所作所為，這就是業，是一種動力及能量。穩定的覺察狀態叫定力。

對話即生活

台灣一百個人裡面有七十五個人，偏向主體意識，然後有二、三十個人，偏向大中國的思維，也許二成，這些人認為，台灣二千三百五十萬人不能決定自己的統獨，包括馬英九說過類似的話，我的朋友是空軍上校退役，他認為台灣的重大國防外交以及統獨決策，應該以大陸的中共政權為依歸，我覺得不可思議。

轉型正義首重軍中思想的轉型，黃埔精神要溶入台日美軍精神，否則台軍不戰先敗。蔡英文總統依據台人百分之七十的能量跟美國結合，被百分之三十的公民能量抵銷，剩下百分之四十，扣掉百分之二十的能量要溝通，就剩百分之二十的國家往前力道，這很可惜。

蔡英文總統常常對話，可是前進的力量有一點兒弱。公民手機概念讓全民即時溝通，媒體要負起責任，共識要簡潔而深入。希望社會對話越來越豐富深入，像英國議會首相在前面講話的時候，其前後左右，有梯型座位大家依序升座，偶有噓聲、有鼓譟聲、很像西藏佛教的辯經，你唱一句、我唱一句，覺得講得有道理時，大家表情及聲響豐富，表達支持、反對、疑惑或者凝聽，英國要不要加入美國出兵中東，有很多辯論，有些少數出來侃侃而談反對出兵，大家給他一點噓聲，最後還是掌聲，這就是民主。

民主要有社會對話的文化，這不容易，台灣的高等教育界裡面，沒有幾個人能夠帶動這樣的氛圍，輔大心理學研究所社文組夏林清老師、丁興祥老師、宋文里老師以及翁

「公民手機」的概念拓展了社會溝通。

開誠老師等等，很會帶動對話，我在那邊受教過，收獲很多。

美國也有不少這樣的學府，帶動學生們對話，對話內容以課程為核心，帶入生活中各類關係的實作，老師不用全部知道，政客、政治人物也不用全部知道，媒體主持人以及來賓也不用什麼都知道，大家只要會對話，丹麥、芬蘭及瑞典人們閒聊對話文化，我稱之為「聊遇」，就是聊天遇到的過程。人跟人相處不要對立及批判，大家互相尊重，感受對方內心的動力，找到共識往前進，沒有共識的保留，畢竟大家是一個生命共同體。

政客心理學的面面觀

政客心理學的政客是人，選民及媒體人也是人，媒體訊息後面的人的背景，人是身心和環境脈絡互動下的產物，這是心理學的重點，看政治有很多面向，有人從法律層面來看，有人從政治權利的觀點來看，有人是把政治當作娛樂戲劇，我是把政治當作心理學、心理劇、社會劇以及對話。

有位賴念華老師在推廣心理劇，其中社會劇，藉由演戲的方式呈現出社會現象與對話，生活中的衝突，情緒也好、想法也好，藉由戲劇的方式表現出來，可以觸動情感流動。整個社會互動，就像心理劇一樣，我們可以去看角色扮演，比方政黨是角色，政治位置跟執政黨的關係、跟反對黨的關係，每個人的工作、社會位置，談論，對話，觀眾要什麼？主持人要什麼？很有趣。

政治人物的分析，從心理學的觀點，可以聚焦在人格理論以及後現代的社會心理動力理論，人格理論在看一個人與他人互動時的特質，有些人很保護自我，不太說自己，不太自我介紹，心理學稱之為「自我揭露」，有些人很熱情，但沒有界限，才剛認識，便把一缸子家裡的事告訴你，有些人知道界限，也很相互尊重，但不會聚焦，或者焦點過於瑣碎，失去戰略性，大事不處理，小事說一堆，有些人的心不在現場，失神或解離，我觀察到政治人物如鄭文燦市長以及黃國昌委員，其現場對話時的專注性以及記憶力驚人，但因為不同的的社會心理位置，鄭市長圓融有餘，處事待人清明，黃委員有些思辯攻防的味道，這些都是人格特質表映在其社會心理的位置上。

社會心理動力指的是，人內心的動力和其他人是相關連的，這些關連受到社會位置的影響，例如：權力、角色、形象、金錢、名聲、情緒、情感、信念以及各類身心狀態

與關係，政客心理學透過幸福對話，看透政治中的各種能量的合作與衝突，指出與衝突點相關的不同社會心理位置，協助公民各就其位，暢所欲言，掌握關係中的動力與界限。

媒體面面觀

再者，我認為政論名嘴需要透明化自己的立場，很多政治人物、媒體人變來變去，其實是需要的，所謂需要的意思是說，媒體人講話的時候，要順著情境脈絡，政治人物也是一樣，但立場主軸要透明。一位公眾人物發言久了，大家會看出他的主軸，譬如說主軸是基於利益，政治利益也好，或是某派系利益也好，你很快看得出來，除了這些名利權情、是非以及需求之外，你可以看出他對真善美的掌控，有什麼風格。

有些人講話很魯直，但是他對社會的利益不會處理，有些人講話很有美感，可是他看不懂社會的利益，有些人不重視真實性，有些人很重視道德性，就是善。媒體人在談話的時候，多聽多看，你就看到他的角色及社會心理位置。

台灣媒體要如何改革？不只是黨政軍退出媒體而已，媒體的文化要靠大家一起努力，媒體的投資者、媒體參與者、閱聽大眾，大家創造一個優質的社會對話氛圍，對台灣社會和未來才有進步的動力。

政治要落實在人民生活中

政治要落實在生活中，不是喊口號，透過不斷的對話，形成網路力量、媒體力量、選民力量，造就跟選民合作的專業政治家社群，形成社會整體覺醒的力量與對話文化，替我們執行幸福社會所該做的事情，感受政客所創造的政治，聚焦在個人、家庭、社會以及國家的幸福。

大家有機會去看一看，西藏佛教的辯經，有身心動作，這種辯經、這樣的聲勢及手勢，希望台灣社會的政治對話也可以是這樣子，有理性、有趣味、有美感，更有生活哲理及韻味。

社會對話要實踐種種動力／利益，每一種位置有不一樣的動力／利益，三一幸福學裡面所說的動力／利益，個人、家庭、族群社會階級、國家的利益，層層而上，二千三百五十萬人決定自己的命運。

比方說在馬英九總統時期，我曾經投他一票，可是現在大家看得很清楚，這個結構在台灣，還是一個暗黑的負能量，不是要怪他們，因為他們以前就承接這樣的利益系統，阻礙台灣的前進，應該讓它更瓦解一點。不管在年金改革、教育改革，司法改革的挑戰，大多是過去國民黨黨國遺留的結構勢力所阻礙著。

民進黨內也有阻礙改革的力量，所以須要第三勢力，我首推黃國昌以及宋楚瑜的合體，就是新時代台灣人不分省籍年齡一致對外的台灣意識。

借力使力親美路線確立

我前陣子和美國來的碩士班同學聊到川普和雷根，雷根瓦解蘇聯，川普瓦解中國，怎麼瓦解，中國怎麼變？他在美國觀察到蠻驚悚的事，賴清德去了美國不止一次，到過華府，美國僑胞認為有一股勢力，要拱賴清德院長取代蔡英文總統，在台灣也時有所聞。

往左邊的主體意識路線，想請蔡英文總統更積極一點，就是小鷹路線，美國有興趣從琉球移一些部隊過來，居然我國防部沒有認真去歡迎及談判，美軍入駐可以帶動經濟、觀光、維修美國武器，阿帕契直升戰機在台灣維修，這是台美合作重大進展。一千名陸戰隊進駐美國在台協會，後來不來了，美國發言人說，「資源有限。」我們可以研究邀請美國賭場企業來離島進行大金額的開發，稅收回饋部份給美軍，大家可以對話討論一下。

我們在川普主政的時候好好地百分之百地站在美國這邊，可是不會替美國打愚笨的戰爭，我們台灣為自己而戰。美國政界、媒體界感覺川普想要樹立歷史地位，就是壓制中國，因為中國已經明目張膽，大約二十年的時間是直接挑戰美國的世界領導人地位，尤其在印太地區。

川普要和小英通電話合作壓制中國，小英居然想了兩週，鴿派動作慢，請多用鷹派。蘇聯過去在戈巴契夫的時代，被雷根瓦解，川普以貿易大戰開砲想將中國轉型為民主政體。

台灣站在美國這邊，不是為了瓦解中國，是為了保全台灣的主體性，因為中國共產黨無時無刻不想吞併台灣的主權，習主席公開說，「主權問題沒得談！」。

我們只要主體性公投，獨立後不會去違逆中國老大哥的利益，台灣好好的存在，讓美中的利益並存緩衝，奉勸中國共產黨不一定要吞併台灣主權，形成兄弟之邦，讓中國跟美國的和善機制，透過台灣做得更好。

我曾經有大中華思想，二〇〇七年時，在中國德勤會計師事務所擔任財務策略顧問時，於中國東北遼寧省移動做項目，居然有一位書記，當著大家面說，「小蔡，你是哪一黨的？」我說，「我是國民黨的。」他說，「你要是民進黨員，我把你從三樓丟下去！」罵民進黨就是罵我本土母親，這句話讓我多年後把國民黨籍退掉了。

二戰打完之後，國民黨根本沒撐個幾年，就被中共掃到台灣來，民進黨的新潮流學共產黨一招半式，加上美台式民主的自我創建，就把國民黨幹掉了，左派的辨正鬥爭思想很重要。

國民黨要認真學習左派思辯，孫文和我一樣是開放的左派，不一定要推行社會主義，但要有左派路線的社會辯證。國民黨因為還存留威權習慣，這種訓練很難，左派首重底層、弱勢以及非主流，蔣經國時代有一點這種思維，從底層政治辯證，從底層鞏固整體人民階級的利益。

習近平帶領中國政權威脅台灣不簡單，他跟美國能嗆，不要說三道四，他說「中國一不輸出革命，又不輸出武力。」說得好，美國憑什麼說三道四，嗆聲的意味就很重。他常說「交一份考卷給人民。」蔡英文總統說兩岸合作答考卷，有暗示對美國交代的意思，習近平不鳥這一套，他說，「人民最大，向人民交一份高分的考卷。」可是中國人民真的支持習主席嗎?過去整個中國擁戴他，但是你動到了美國的根本利益，川普一出手會吃不完兜著走，我很多朋友預測，中國會全面投降。

美國會給中國面子，中國會全面投降，你看中國最大的通訊公司們紛紛投降，連法務人員都用美國籍的，高階主管全換人，中國和美國鬥爭，可以學習到很多事情，在軍事上尤然，美軍機飛官和中國軍機交鋒的過程，完全沒有情緒性發言，只說「不專業」。

請習主席好好想一想，不急著現在跟美國對峙，三十年後機會很大，也不一定要挑戰美國，跟美國及台灣的利益融合的時候，整個華人包含中國，大家過著習主席領導之下以及中美共同領導之下的印太好生活，這是一個大幸福的方向。

華人有朝一日會認為一個強大的中國不是壞事，可是這個強大中國必須有一個世界公民認同的中國價值出現，這樣華人的強盛才坐得穩。我作為一位台灣人，樂見對岸強大，可是這個強大是在不吞併台灣主權的氛圍下，台灣人才會尊重你，不要動不動就把我們都變成了李明哲。

社會對話及辯論之必要性

御請蔡英文總統開放及鼓勵兩岸人民、兩岸知識份子、兩岸政治高層，充分社會對話及辯論。中國憑什麼統一台灣?台灣是中國歷史不可分割的一部分嗎?

清朝政權是滿人主導不是漢人，如果中國主張台灣是它的一部份，韓國也可以主張中國是它的一部份，台灣、中國現在是分治分立的事實，中國沒有任何正當性宣稱台灣是中國的一部分，只因為台灣有個不切實際的中華民國憲法。

全世界沒有人知道這部憲法的細部內容，中華民國憲法就是中國共產黨認為中華人

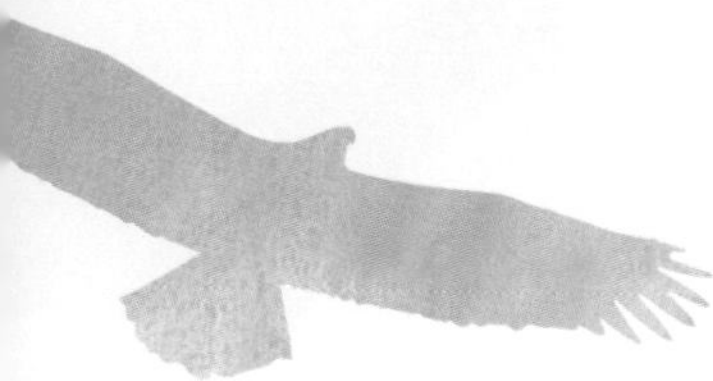

民共和國可以吞併台灣的基礎，所以台灣人民真的要好好的改變它，要去宣傳中華民國憲法名不符實的現況，台灣才能成為正常國家。

中華人民共和國沒有任何的權力否定台灣人民形成正常國家，台灣人民形成的正常國家，不樂意主動跟中國對立，除非中國想要吞併我主權，兩岸應該不斷充分地對話，讓兄弟之邦可以成形，這是兄弟之邦的對等架構，美國跟中國的對立也容易消弭，不是一國兩制，是一個印太民主連盟多邊平等的兄弟之邦。

感謝范雲老師邀請阿森說「情緒管理」。

第十集　二〇一〇擺到二〇一二，二〇一八擺到二〇二〇的鐘擺效應

我的一位高中同班同學，一位電視金融名嘴，日前發一個ＬＩＮＥ訊息給我，他說「二〇一八台北市選情怎麼看?怎麼民進黨看起來軟軟的，很多人有這種感覺。」

我回答說：「民進黨的確是現在軟，但我認為民進黨最大的利益是小英政府的連任，以及立法院持續掌有多數或更多數，小英跟賴神、陳菊、鄭文燦及新潮流，加上蘇系、正國會、海派以及新扁系的新合體，是二〇一八選舉，民進黨必然的分化以及整合，蔡英文跟馬英九沒有完全對抗，因為畢竟是前後任總統。」

鐘擺效應

我不認為蔡英文會離開主席的位置，連任也沒有什麼問題，操作得好的話，立法院的席次會維持或更多。二〇一八年十一月二十四日地方選舉，小英帶頭若選輸了，陳菊可能會接主席，如果民進黨二〇一八再大勝，對小英連任不利，跟馬英九連任之前那一

次地方選舉一樣，會有鐘擺效應，這次誰贏多，選民會挑這個黨的毛病，讓下次再拉回來一點，鐘擺效應就是選民自動去平衡敵對勢力。

二〇一〇國民黨地方選舉大敗，二〇一二馬英九連任總統，二〇一三馬王政爭，二〇一四太陽花，二〇一四柯P當選台北市市長，二〇一六小英當選總統，二〇一八柯P險勝連任？民進黨小敗？二〇二〇小英險勝連任？二〇二〇以至二〇一四的小英是否會如同馬英九一般，進行內部整肅以及對外展開擴張，大家拭目以待。

馬英九第二任總統任期中，試圖對內剷除王金平勢力，對外想以服貿貨貿與中國合體。蔡英文連任後，對內是否會與泛扁系以及郭倍宏路線進行合作或鬥爭，對外與美軍作全面合作？我覺得蔡總統非常期待中國願意與她平等對話。

極端力量是很大的，柯P在這種情況之下才竄起來，只要偏向兩極對立，大量中間選民會自動往中間去拉。任何集體都有這種現象。比如說大家坐在同一條船上，如果太靠右邊，就會有人往左邊壓一點，但是，往前往後的推力，不能用壓的，不太適合用平衡的觀點來看，這是很多人對小英的詬病，因為小英強調各種政治勢力的平衡，但向前進的力量似乎不夠。小鷹覺得左右平衡之後，國家要往前，不能不進不退，不管是主體意識的確立，或是整個經濟大政策，能量彙整之後要往前推進及落實。

改革要有感

小英政府打著改革牌，段宜康委員說，年金改革作得不夠，兩岸政策也無法振奮人心。真誠地建議蔡總統，要做一些人民具體感受得到的。比如說空污，做了一些立法很重要，燃煤或者工業廢煙控制，這很重要，但老百姓看到的，比如說火力發電持續，燒紙錢、汽機車廢汽、二手煙，或者是廚房油煙排放卻沒有什麼控制，這種生活中的空污是可以馬上感受到的。賴清德擔任台南市長時，推行減燒金紙，很有魄力。

法國全面禁止學生帶手機上學，這種政策人民會有感。台北市有個一九九九專線以及UBike，市民感受得到，蔡總統從中央的位置，要多做一點，讓百姓感受得到的東西。例如司法改革的陪審制，是老百能感受得到的政策，總統有真的想推動司法改革嗎？我們到底改革了什麼？年改有做，但其他呢？民眾很無感，蔡政府想加強勞動權益，好像也做那麼一點點一例一休，這不是很大的勞工政策躍進。

民進黨中央打改革牌以及台灣價值，看起來蔡英文總統持續平衡往中間，政局穩定且謹慎，目前除了柯P或郭台銘董事長，無人可以取代，難怪中國想支持柯P來取代蔡英文，美國及獨派想支持賴院長向蔡總統施壓，賴院長認真施政沈潛養望，未來成為副總統的機會很大，整個新潮流不會把小英拉下來，而是小英沒有新潮流，就無法連任。

拼健康拼財富拼幸福

三一幸福學是支持主體意識的三民主義，台灣要國富民強，邁向幸福之島。國家KPI應以洛桑幸福指數為基礎，搭配確立主體性的國富民強政策。傳統上拚經濟，我們談成長率、進出口、失業率，匯率的穩定，成長率看GDP，看分配平均，是否貧富差距過大，這些只是支持幸福指數的參考，幸福來自人民發自內心的感受，由政客帶動整體國家的感官營造、價值轉型以及生活的實作。

央行總裁彭懷南，是李前總統提拔的金融專業大老，藍綠人脈堅強，曾經是蔡總統的上司，台大財經幫反對彭總裁過於強調穩定匯率，以外匯存底支持中央的彈性財政，不利台灣中產階級整體薪資的提升。拚財富就是要讓每一位老百姓有錢，生活基本所需無虞，而且有充份自我實現的幸福感，出口導向的成長型經濟目標會陷入盲點。

如果拚經濟是要滿足人民的基本需求，而不是要讓中央財政無虞，政客該作的事，要專注高品質公民生活的基本供給與消費，包括知識、工作以及家庭等等，基本需求以外的事，定規則讓市場自由競爭以及完善稅法即可，稅法的重點在於對賺錢的公司課高額的稅，回饋給其所在產業，創造正向循環，資產只要有充份利用，不應課徵資產持有稅，經濟成長不必然是重點。

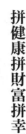

軍公教或其他勞工，台灣所有的非資方、非老闆的工作條件都還不夠好。我並不是又要站在勞方的權益來爭取什麼，台灣整體的勞工競爭力不高，競爭力不高，要求更多的福利，當然不是合理的，職業培訓及輔導要有戰略性積極，重點不在輔導失業，而是做整體人力的盤整與轉型。產業界評論台灣勞工物超所值，不是因為台灣的勞工產值高，而是因為相對於日本、新加坡以及歐洲小國，我們比較便宜，靠便宜競爭的勞工集體，是不會有高薪的社會的。

國家有義務讓每個人都找到他喜歡的工作，一旦有工作之後，基本需求應該要被滿足，不管他薪水高或低，社會福利要綁住工作及家庭，大家才會努力工作及成家。世界各地先進國家的做法，基本需求不只是吃飽而已，工作只是其中一項，國民尊嚴以及全民文化，人人被平等地傾聽，社會不該只肯定功成名就以及某些特定職業，任何人只要有工作或成家，對社會有一點點貢獻，就要被尊重，這叫拼經濟的一個新指標看法。

什麼叫拼健康？健康也是基本需求，政府有義務去保障每位公民在不同身心狀況之下，能夠有基本的健康條件以及安居樂業環境，有很好的社會支持去避免過大的壓力，比如說衛生局、社區諮商中心，還有自殺防治這些專線，讓老百姓有個紓解的緊急管道，社工要快速介入，不要讓台灣再有餓死或家暴發生。性及交友的疏解要被正視，睡眠、

感謝南京東路一日樂食的健康美食。

運動以及飲食跟上，國民未有不健康的。

食物大量生產之後，不得不用種種添加劑以及防腐劑等等，食物從生產到運銷到使用到癈棄，有很多不利人類健康的作為，政府應該要跟食品產業和非營利團體發起一些運動，讓食品更健康，可考慮讓里長有個示範廚房，讓大家可以在社區吃到很健康，但不是太貴的食物，每一個人在自己家裡、社區或工作中，有一個自己烹調的支持。我們的飲食正義，要讓大家吃得健康，浪費的東西要能夠循環到需要的人，全台超市每天丟掉的食物，是否有機制來實踐飲食正義，這叫真改革。

我們的運動環境像台北市還不錯，有很多游泳池蠻髒的，我常常因此得到腸胃型感冒或皮膚上的病毒感染，這需要公德心，讓運動環境的品質更好。空氣品質是關鍵，噪音、光害在台北市蠻嚴重的，大家都沒有想過，這麼多的手機3C產品，他們賺多少錢？但成本卻轉嫁到學童的視力傷害以及健保經費的耗損，3C產品產生了很多光害以及環境污染，它的成本是整個社會在承擔，往勞工下層以及公司外層的環境污染轉嫁，政府沒有認真深入解決問題。

台北市某計程車車隊，強制其轄下司機必須在右後車位前方裝置小螢幕以增加廣告收入，但成本轉嫁消費者的眼睛以及耳朵的傷害，以及休息心情的穩定，有些商業大樓管委會在電梯內裝設廣告用電子螢光幕，台北市各戶外高光害以及噪音從大型廣告螢幕發出，環保團體、消基會以及政府在發呆嗎？這麼簡單的成本轉嫁消費社會的具體事實都看不懂？或者不想執行。

我們不是要去胡亂打財團以及打3C產品，是想要對話，引發問題癥結確立。財團對社會或是對產業競爭是有貢獻的，只是他創造利益的成本，未能合理反映外部及底層成本，所謂外部指的是消費者、社會環境、沒有談判力的供應商以及合作廠商，所謂內部底層指的是沒有股票或沒有合理分紅的員工。

稅收應回饋到產業弱點，香菸產業被政府課了很多稅，稅金大部分被挪去做別的事，

跟防制菸害沒有關係，這是矛盾的。一些人抽菸受傷了，結果你抽稅之後，並沒有保護這些受傷的人，還讓很多人吸到二手菸，3C產品也是一樣，生產3C產品的賺錢公司要多課稅，這些稅金回饋給整個產業聯盟，研發更不傷害眼睛的產品，或者避免污染的做法，我稱這些稅金回饋為「倫理基金」。

癌症、心血管疾病、自殺，國家要把十大死因降低，讓大家感受到傳統的慢性疾病越來越少，大部分人自然老死，這就是幸福社會，以及「真改革」的真諦。拼健康以及拚財富，最終拼人民的幸福，人民有了健康跟基本的經濟之外，其實就是想在自我人生實踐上，成家立業以及和社會關係的開展。

政府及社群要協助社區本地工作的創造，將社福與家庭結合，發展基本的人際關係，不是讓獨居老人或家暴兒童沒有人際支持，我們要讓每個人都有家庭般的關懷，協助所有國民，對自我人生的開展，有機會對話跟學習，令每位公民能在台灣這個國度裡面，實現幸福人生。

國格的重要性

國格是什麼?有了國格，我們才有人格。

主體意識及其內涵，就是國格，國格沒有確立，作為台灣人會覺得人生飄渺，二千三百五十萬人民自己決定未來的前途就是主體意識，要創造一個文化，不斷地辯論以及對話，也可以邀請中國代表來台參與辯論，專業深入的對話是民主社會的最大公約數。

如果我們不是一個國家的國民，老百姓要如何快樂呢？統一要如何統，都搞不清楚，要如何同意一個中國呢？國家是什麼都搞不清楚，要如何安居樂業呢？我提出拼經濟、拼健康、拼幸福，作為國家整體戰略的三個面向。其總目標，是國家主體性利益，就是國格。

包含國民黨都不會反對主體意識，雖然國民黨的主體意識叫中華民國，可是它所指的中華民國，實質上也就是台灣二千三百五十萬人。國民黨不會反對台灣二千三百五十萬人決定自己的命運的這個大前提，只是它會去迴避憲法名不符實，如果它承認憲法名不符實，那為什麼國民黨不去推動修改這憲法？它說，「憲法是統一憲法。」但是二千三百五十萬人的合格選民已經民選總統五次了，民眾沒有義務服膺一個以統一為目標的憲法，允當的公投是必走之路。

國家統一就是被統一，國民黨的兩岸論述越來越弱，反而是中國在幫國民黨。舉個例，台中一個國際運動會給了胡志強主辦，林佳龍上台後，這項權利就被拿掉了。再者，郝龍斌拿了一個世大運，柯P跟中國唱和就OK了，還有世界衛生組織等等都是，台灣人民要如何幸福？只有卑躬屈膝嗎？

大陸這兩年會不斷搞這種戲，給你一個好像不錯的好處，然後你吃點兒，如果你不聽話，就馬上變，不管買虱目魚也好、中國觀光客來台也好、辦國際性運動會也好，給你參加世界衛生組織也好，只要你不聽話，我就把你的權力拿掉。我們從一開始就不應該聽他的話，拿他一點好處，卡到後面執政的人，馬英九想做這件事，先定一個兩岸合作的高規格調性，逼著蔡英文照辦，蔡英文沒那麼笨，所以大陸一直給蔡英文苦頭。

還好川普上台，美台戰略目標是有共同利益，但是我們的確不想跟中國對抗，可是中國要把我們吃掉，我們被迫強烈冷靜地自我防衛，然後好好的跟美國與日本結盟。

台灣產業去階級化

同一國籍法人的產業整體，有一致的利益，這是我想推動的。台灣產業大治理同時去階級化，讓每一個人有他喜歡的工作，產業以及社區聯盟在北歐做得很好，台灣的工會弱，老闆與勞工要擴大及深化建制合作，大公司照顧中型公司，中型公司照顧小型的公司，老闆們一起照顧員工。

產業銀行與社區及產業自治合作，辦自己員工住宅，台灣政府會怕，政大財稅系老師們為主要的金融幫，不想下放金融權力。產業聯盟自辦銀行以及居住福利，政府要有遠見，從根本處快速下手，不是在表皮上動一動，蓋點社會住宅聊表心意。

階級利益與產業利益相互建構，產業利益下轄地方利益，台北跟花蓮的利益是不一樣的，高雄跟台中的利益也不太一樣，人民利益的核心是政治，利益不只是錢，錢是拼經濟的概念，我論述拼健康以及拚幸福，只要違反國民健康，就違反國家利益。事關人民幸福的重大瑕疵，就是違反國家利益，例如安全以及尊重等等。台灣須要一套支持主體性的憲法以及思想，三一幸福學或可取代三民主義。

國家利益、政黨利益、階級利益、產業利益、地方利益、族群利益，世代利益，二三十歲人的利益跟七八十歲人不太一樣，不要道貌岸然，利益對話才是重點。善是利益的上層，國家實做，要認真協調名利權情是非與需求等等基本利益元素，感受也是一種利益，感覺被侮辱，被污名化，這種名譽利益受損，所謂「人格權」。

「真」是利益的上層，不能違反真實，比如說二二八事件，國民黨的相關軍隊殺了台灣一些人，大部分是本省人，少數外省人，殺人者是極大的不善，這裡利益跟族群有什麼關係？政黨有什麼關係？跟地方跟世代跟階級有什麼關係？歷史真實在那裡？中研院的真實和左派真實又不同，左統派認為謝雪紅躁進發動愛國運動。

小英做哪些改革？國家定位很清楚，從兩國論開始到今天，在電視上她說對內對外說法不一，對外重平衡，對內堅持理念，這就是兩國論，兩岸是特殊的國與國的關係，這是小英的對內路線，小鷹認為，兩岸是特殊的兄弟之邦。

小英在李登輝主政的時候到今天，始終如一，可是忽略了政策前進的力道，這是小英執政的風險，數字再漂亮，人民沒有感受很麻煩。

轉型正義

小英做了不錯的轉型正義，我個人認為轉型正義是總統大選時候的重頭戲，轉型正義不僅是黨國，民進黨要不要轉型？當然要。張天欽變成了黃世銘，小英不會成為小九，轉型正義不適合由民進黨主導，不符利益迴避原則，應該請黃國昌委員來主持。

小英的司法改革、教育改革、台大校長事件、內政部的大政府概念，這會被批判，內政部搞住都基金做公辦都更，落入大政府的陷阱，遠雄ＢＯＴ包大巨蛋，這會被批判官商勾結，如果巨蛋由政府自己做，這就叫大政府。台灣媒體界沒有論述清楚，政府一旦外包工程就容易官商勾結，但政府自己做效率很差。比如說遠雄這種案子，應該包給全國營建工會連盟，代表了整體產業的財團法人，不圖利單一廠商，大家比較沒話說，須要很多配套，台灣要分成十八個、二十三個或三十二個產業，算出每個產業的產值、員工數以及影響力大約相等，把它串起來，國家的福利及產業稅金支持產業員工以及倫理基金，不要只和單一企業合作，或由政府發錢回去給個人。

政府有案子要做，跟產業聯盟對話，而不是和幾位學者及官員開個會，便發包給單一財團，台大校長事件中的蔡董選管董，可以看出這種勾結，有錢加有權加上有學問，聯合起來決定所有的事，這樣一定會有弊端，無法照顧多數。

政府只要奠定政策跟協調，訂定規則就好，大部分事情民間可以做的，就給民間做，可是不要圖利單一廠商，應該把廠商們聯合成一個產業大聯盟，這有很多很多的好處，我知道歐洲有些小國家這樣在做。

我們在看政治是分析，但不分化，我主要談三一幸福學：經濟、健康跟幸福是國家執行政策的目標，對個人、家庭、公司、社會以及國家都有用。每個個體的幸福就是國家幸福，我們要注重自己的人格，國家要注重自己國格，台灣人要有自己的國格。

第十一集　台灣的中華民國名不符實

姚文智說，他會用不斷的論述，來爭取台北市市長的位置，學術界也用論述這個詞，其實是一個對話的意思。再白話一點，是把心裡的想法、感受、理論和實作，進行對大家有益的對話或行動。

我們來論述一下，為何台灣的中華民國名不符實？

我認為，蔡英文政府應該在適當時機，跟美國打個招呼後，向全世界說，一個中國就是中華人民共和國，台灣是台灣，不用去強調一邊一國，可以直接對國際上說，「在台灣的中華民國名不符實」。

一九四九年從中國南京首都遷移到台北的中華民國政府，它所帶來的憲法，經過台灣直接民選總統後，這部中華民國憲法產生的中華民國總統，經過這麼多年的民主化，這部憲法中的「中華民國」四個字，已經不符合它實質代表的意義。

例如，憲法裡面一個大中國概念，中華民國包含中國大陸及蒙古共和國這些地方，明顯的不符合事實，台灣人經過不斷努力到現在，要有勇氣去透過公投或任何民主程序和宣傳，告訴全世界，中華民國這名字和憲法，已經不適合台灣二千三百五十萬人的這個民主政體，是很合情合法合理合權合適的。

蔡英文總統沒有必要去強調獨立，只要強調中華民國憲法名不符實，到時會有郭倍宏的喜樂島連盟協助公投正名，中國一定會跳腳，可是美國不會不准的，美國會有談判的默契，宣布「一個中國就是中華人民共和國」的前後，我們還是歡迎擴大加深中美台日各方交流。更穩當的做法是兩階段公投，先公投即將被公投的題目，避免題目不是大家的共識。

甚至可以說，台灣雖然堅持主體意識，也就是二千三百五十萬人決定自己的國民命運，這是台灣人必須堅持的，但也不排斥中國具體提出一個統合的願景，我覺得台灣人不必要去排斥它，但是沒有必要現在就同意一個中國，等於是主權退讓。如果要同意，就說一個中國就是中華人民共和國，兩岸的未來是特殊的兄弟之邦。

台灣現狀是一個中華民國政府，實質有效管理台澎金馬關稅實體的民主政體。我們的實力，除了台灣人民不斷創造出來之外，最主要的實力是跟美國與日本的軍事戰略同盟，這是事實。

很多交流或看法，都會被扣上國安問題，我覺得講得太浮泛，不能因為國安問題，就完全終止溝通，所有活動都要有明確的國安限制，我認為主張主體意識的立法委員，要大量增加，讓台灣的國安法規能夠完善。

國安法規就是要去防止中國武統台灣，另一方面，賴清德政府所說的「親中愛台」很重要，如果像香港這樣，台灣人大部分是不會接受的，還不如藉由理性的對話，台灣有機會成為獨立的武裝中立國，但是跟中國政府有如兄弟之邦的多邊對等關係，既不侵害美國利益，也不侵犯中國利益，同時顧全台灣的主體以及民主性。

堅持台灣主體意識

堅持台灣主體意識要不斷地全民論述與對話，兩岸的核心人物要密切對話，背後加上美國的默契。

美國不必然那麼重視台灣，台灣只是符合美國利益地被放在太平洋的西岸，成為抗拮中國的一艘航空母艦，台灣政治成為親美的民主典範，我們要知道善用機會同時管理其中的風險，就是小咖的不要亂叫牌，不然就會像陳前總統被美國總統在媒體上，當著中國領導的面前，說他是麻煩的製造者。

我們如何把中國跟美國的對立，或者說中國跟台灣的武裝對立分擔風險給美國，美國不希望台灣是中立國，但如果台灣是美國武裝下的中立，我相信美國是會同意的，也就是台灣可以支援後勤，讓美國的軍隊在台灣，但只要中國不攻打台灣，台灣軍隊不出兵，由美軍出兵，我覺得這是很重要的大願景。

我們都知道，明講台獨的路線是明顯對撞中國的利益，對台灣發展是不利的，這也是發展上的現實。美軍駐台以及全民皆兵，年滿十八歲接受六個月政戰民兵訓練，國富民強，是台灣成為幸福島的必經路線，才不會像王丹所說，「搞台獨不敢流血是打嘴砲！」

這種論述，兩邊都不討好，可是對台灣全民最有利的方式就是堅持主體，反映在民主跟法治之上，法治包含一套保護主體意識的國安法規，溶入中美貿易大戰的情勢，台灣應該的位置是要不斷地堅定主體意識以及自我防衛的決心。

姚文智的自我價值展現

二〇一八年台北市長選舉，姚文智委員的造勢，關鍵在小英總統以及新時代力量（新潮流加時代力量），這三股勢力。韓國瑜帶動侯友宜藍軍選情，只是增加收視率而已。

民進黨從美麗島世代、律師世代到如今的野百合學運世代，中生代被重視是對抗國

我在陸軍二二六師禮砲連服役，經歷前副總統嚴家淦的國喪軍禮，三軍儀隊配合禮砲，隆隆作響，系統軍威閃閃發光。現在的年輕人應該認真考慮從軍，以及提倡全民皆是政戰兵。

民黨的一大利器，凸顯民進黨栽培年輕人，可預見民進黨未來將由誰代表領導。正國會、新系、英系相互平衡以及統整游離勢力如泛扁系、蘇海謝等等，我個人認為新潮流比較有理念，雖然務實妥協，整體而言清廉形象還在，素質團結。

柯P很多重要的政見完成，例如社子島等等，是中央最近批准的，所以中央跟台北市柯P政府是合作的，至少沒有對立。

姚文智曾經批判柯P要在某些路段裝監視器，這是違反民主精神的，侵犯人家隱私，我覺得要看情況，如果在高速公路上或是某些對公眾利益有幫助的攝影機，也許侵犯到一點點隱私，但對公眾有利益，對小眾或某些私人侵犯到一點隱私。柯P的人可能看到我的論述，當時大家要查他大巨蛋的一些內部文件，柯P回嘴說這是隱私，讓攻擊他的人不敢再追下去，他拿隱私權回防。

隱私權常常是政治攻防重點，我曾經在研究所就讀，因某些事件提出了申訴，其實校方私底下就跟我講，有些事情你公開之後，就會涉及政治攻防，我因為想要學習，所以就跑了一輪這樣的操作，我不希望抗爭往上發展，因為我還想維持關係，即便覺得受到很大的傷害及不公平對待。

這在軍教體制或政治場域常常發生，看看侯友宜的文大房產，事關建築法規行政，

無論是教育行政或建築行政，行政法規的執行，政治味很重，司法味比較低一點兒。因為行政權的上層是政治領袖，政治領袖可以直接影響行政法的操作，法律不能改，但是行政人員的操作可以拿捏，會影響到政治利益。

對話應該聚焦在社會關係，人跟人的關係，群體跟群體的關係，然後講人的感受，群體的感受，群體的利益，利益當然包含權力，利益有很多層面，把利益講清楚，感受講清楚，群體的利益如何劃分，這蠻有學問的，很多社會學家，社會心理學家對這個很擅長。

如何在社會事件中，透過對話，感受現象、情緒、想法以及需求，看出不同群體間的社會對話心理位置。

不同的黨派利益、職業利益，很多種複合的利益劃分法，區分出不同的時空社會心理位置，媒體評論者不必然需要中立，要清楚自己的位子，引發不同位置的人理性對話，引導不同社會位置都能發聲。

好書推薦非暴力溝通

我曾經推薦《診療椅上的政治》，把社會政治現象放在心理治療的診療椅上來看，看整個社會病理現象。另一本好書《非暴力溝通》，美國的心理師所寫的書，美國的暴力比台灣還暴力不少，這本書是講社會溝通和對話，公民如何參與和帶動優質的社會對話，一般對話講理性，我把它改成優質，什麼叫優質的社會對話？

書裡面第一章在談讓愛融入生活，從事社會對話的人，要協助大家感受對話中本質的愛。第二章，是什麼蒙蔽了的愛。第三章，區分觀察與評論，社會對話避免太快價值評判，一般人把這叫情緒對立，過快的價值評判，就是言語暴力。

如何才不會過快地價值批判呢？要看到人們的情緒以及自己的情緒，不要在受傷及憤怒的狀態下說理、責怪、向加害人討回公道，要先感受事件現象的真實以及相關人的真誠，待情緒被同理及疏導後，把事件還原，再作價值討論或批判。我們在受傷的時候，要會表達受傷，也許別人會說你玻璃心，人們若不會玻璃心，最後每個人都會像刺蝟心，憤怒是受傷反應。

我們觀察柯P用到這點，他常常說可能他是醫生出身，沒有評價，先中立觀察，生命的維護最重要。感受不同族群之間，有不同的情緒，不同想法，不同論述，這些都可以導引現象觀察。

現象觀察完整之後，可以區分出不同利益單位，是會有鬥爭產生的，鬥爭產生就有

我的女兒，在她疲累時情緒不穩定時，會和媽媽「嚕」，只有媽媽的安撫有用，拒絕爸爸的介入，爸爸有時會訓誡她。女兒總是在累了想睡時，創造一些嚕事，要媽媽向她「道歉」。女兒向媽媽撒嬌嚕嚕時索取的「道歉」，其實是「索愛」。

愛是同理自己及他人的感受，在感受中完成主體間的分合，在愛中感受既獨立又合一的感覺，在愛中享受能量的交流，在愛中信任，在愛中放鬆，在愛中付出與接受，在愛中道歉，沒有所謂的「是非對錯」，只有愛中的主體與客體，為了療遇，所以道歉。

社會上的道歉，和家庭的愛有所不同。社會上的道歉與「被道歉」，常常是系統的權力爭執，要一個人作態表示，或者「被處罰」，或者「被道歉」。

「黃安與南韓台灣少女歌手」事件，是標準的權力迫使道歉之事。

政治性、倫理及男女議題的社會道歉，最容易形成「權力共識」的道歉，或者，實有倫理瑕疵，因為政治大錯，造成一發不可收拾，加上媒體公審與辦案，社會上的倫理道歉，常常是「權力」，不是「愛」。

教育場域的道歉，對小孩而言，應以「愛」為主要，針對研究所以上的學生，常常與社會政治及文化結合，師生若發言不當，學生及教育者的身份極其容易被拔除，甚至填加一些爭議性的名聲。「名利權情是非及需求」與社會性道歉，是連動的。

評論以及批判，批判要理性，評論要理性，最終以國家整體利益為最高指導原則。一人一票，一人一個利益，這就是民主的社會對話。

《非暴力溝通》是社會實用書，社會對話有很多的講話方式，一個人跟一個人講話，跟社會上很多人互相講話，有不同的技巧，也有相同的技巧，民主社會中最重要的一環，也是現代社會最重要的發展，就是政治覺醒，從非暴力溝通開始。

台灣社會如果能夠發展出一種社會意識覺醒，大家能夠把人與人的關係，透過社會對話解決傳統上必須靠政治人物或政黨政治去解決的問題，透過社會對話產生解決方法，就是民主的最大成功。台灣有機會發展成功，甚至超越美國的民主。大家如何透過各類媒體、網路以及電視，有效率地第一時間對話，也許可以透過「公民手機」，出現什麼問題了，颱風假怎麼放？很快地回饋到政府相關機構，形成決策參考，這個秩序還沒有出現。

柯P的勞工局長網路票選有宣傳效果，但對政策沒有實質幫助，權力下放到公民手中是對的方向，但效率和效能不彰，新秩序未產生，舊秩序已瓦解，台灣很有可能在十年、二十年後，成為全世界民主國家的典範。

很多研究民主的學者，已經認為台灣是一個不錯的民主政體，從民主發展的角度來

講，台灣有難能可貴的成就，民主不是沒有法制的民主，民主不是言語暴力相互傷害的民主，民主不是鬥爭衝突，撕裂社會的民主。

台灣人獨立思考提升公民對話力

台灣人不太會講話，大陸人的對話思辯，訓練得很好，整個西方社會，學術上、教育上，很重要的訓練就是要獨立思考，台灣教育界還搞不太清楚什麼是獨立思考，不是自由的意思，也不是批判的意思，人們透過教育哲學的培養訓練，知道每一位學習者，都是獨立的思考單位，互相尊重，在對話過程中相互腦力激盪，有思辯、有創意、有感動、有幽默更有見地，是有方向以及建設性的。

對話中，我們看到社會和自己如何區分對話單元，不只是理性對話，有時候要感性，但不要情緒對立，感受現象，觀察現象，抓住利益核心，利益不止是錢，一切以利益為核心，不要煽動、不要民粹、不要唱高調。

台灣的中華民國名不符實，我們要改名，或者更改其實質內容，須要對話，台灣二千三百五十萬人的集體對話，同時考慮到中國以及美日國際的利益，一種有利台灣的全面對話與前進的力道。

第十二集　侯友宜、居住正義與彈性安全

新北市長候選人侯友宜的太太有一塊地，租給文化大學蓋了宿舍。在全台，有很多這種私立學校和民間土地之間的合作。一位新北市市長的侯選人，選民有權利知道真相，侯友宜和家人在處理相關投資，是否符合社會正義。

從新聞事件看選舉的攻防

侯友宜的弱點，是危機處理以及公開對話的辯論能力。

剛開始選舉時，被批評他在威權時代代表黨國機構去抓民主人士，當時是奉公守法，可是今天是新北市市長的候選人，或許要講些比較有新時代意味的話語，而不只是說「向前看」。

你可以說威權時代的確有些政治悲劇，在威權時代擔任警察或某些公職的，確實有種身不由己的這種痛苦，就像以前德國納粹黨辦事的人，其實也不忍心去為難猶太人，

可是他們一定要做，事後這些活著的，曾經參與辦事的人，很真誠的去面對以往的歷史，在社會上、學術上或各方面的地位上，進行社會療癒及轉型正義的對話。

這一次大家把你太太的一些財產處理，做了很政治性的散佈，應該在很快的時間找相關人對外說明，我個人認為所有政治事件，在法律上來看，當時執行時的政治環境是沒有瑕疵的。

可是像建築法規、教育行政法規，都是回到公務行政系統的「人」，來現場勘查、鑑定、測量，然後蓋個章，說ＯＫ你可以了。要探討的是很多行政裁量，公務體系圖利自己，立法時將權力內收，裁量權的空間很大。

我們大部分人住的房子是集合住宅，是可以合法出租的，是否能做宿舍，出租跟做宿舍有什麼差別？好歹也讓我們學一學。軍公教系統的人，永遠是隱含政治性的。

彈性安全產業聯盟真正的公民社會

丹麥以及荷蘭的彈性安全政策值得台灣參考，彈性安全政策指的是政府提供企業彈性用人的環境，同時保障每位員工，都能有效地找到自己喜愛的工作，取得在工作基礎上的社會福利，台灣應該快速地鼓勵各產業，結合成為產業聯盟，分化成為各利益對話單元，集合成為和政府要求稅收合理回饋產業自治的力量。

在北歐的金融保險業，有自己的產業聯盟，產業聯盟有自己的產業銀行，產業銀行在政府的政策之下，可以去蓋產業住宅。產業裡面公司間是相互競爭又高度合作的，有了這個產業聯盟，大家可以照顧大家的員工，同一個產業的員工福利均霑，可以有付擔得起的房子住，不容易跳槽，至少不會轉到別的行業。產業銀行可以辦理各類貸款，這是社會福利結合創業投資的概念，也是社會企業的精髓。

服務國家跟福利國家差別很大，在北歐，產業以及社區，大家相互合作，有各型各色的合作社，產業合作社，社區合作社，從你生老病死到購屋創業，都有親近的人知道您的需求以及能力。這互相幫助後面有一個財務的支持，可以協助工作穩定，這樣的社會福利國家，是經過數十年的努力才建置出來，很不容易。最難的是公民對話平台的建制以及文化的養成，也是我推廣幸福對話在國家層面的宗旨，幸福對話中有一個重大技巧，洞察社會現象中不同的利益群體以及社會心理位置。

美國政壇一直有人很欣賞北歐的社會福利制度，這些制度不是政府定個制度，把預算編進去，最重要的是老百姓要有這個文化，有錢人跟沒錢人，大家都被這個社會同等的接納，而且相互信任願意有智慧地對話。

賺大錢的人多繳稅，社會不要仇富，社會要把榮譽頒給納稅冠軍，台灣仇富，以為有錢人就是剝削別人，好像有錢人也被剝削是應該的，這種負向的社會氣氛，不容易推展一個健康的社會福利國家。

北歐創造人人平等、人人被接納，你要有所得就必須付出，福利是綁在工作或者家庭，只要你有工作能力，一定要去工作才有各類的福利，而且工作的環境都很好，每個人都可以找到自己喜歡的工作。社會要平等地尊重任何職種以及所有成家立業的人，他們對社會的貢獻不該被以任何形式看低看輕。

彈性安全的意思是說老闆可以把員工開除，不像有一些國家很難對員工做解雇的動作，北歐還有一個彈性就是政府和產業會協助員工找到他喜歡的工作，或給他適當的教育培訓。台灣沒有這種機制，什麼失業補多少錢，都是很粗糙的社會福利，台灣在這種以工作為福利單元的機制做得很差，台灣的產業聯盟也做得很差，台灣的勞工運動都是作假的。

研究選民結構

我母親以前是文山區的里長，我蒐集了住在文山區的親戚朋友同學的資料，約一百人，研究他們的投票傾向還有居住問題。

這一百位研究名單裡面，從十八歲一路到八十幾歲人，其文化背景、社經地位、職業等等被解析，他們會怎麼投票，他們的居住條件如何？反應出在各媒體顯示的名調，我昨天開成功高中同學會，大部分都住在台北市，我簡單做了一下民調，上個月，我政治大學企管系同學會，我也做了一下民調，感覺一下他們如果住台北的話會怎麼投票。很重要的今年十八歲可以投公投票，會差百分之三左右，年輕票變多了。

有一些年齡跟教育背景的變數在裡面，我美國研究所加大爾灣分校很多畢業回台灣的朋友也住在台北，他們怎麼投票，跟民調很像，就是藍盤還是很大，可是這些藍盤跟早期藍色投票的盤不太一樣，有一些跑到柯市長這邊。

文山區大多是藍軍的人，像我多年以前在李登輝當主席的時代，加入了國民黨，嚴格來講我也是藍軍的人，以前人家說我是藍皮綠骨，現在我被說成綠皮綠骨，雖然我本來沒有什麼政黨取向，因為那時候一九九八年時，有位叔叔是議員，做了四屆不連任了，我有機會參加國民黨初選。

有關樣本的居住條件研究，大部分人都住在四層樓或五層樓的老公寓裡，所幸他們很多年前由爸爸媽媽留下房產，或自己買了房子，住在一棟老公寓中，少數幾個從商或

四層或五層樓無電梯舊公寓，是都市景觀以及老人照護環境的改善重點。

怎麼樣致富了，房子比較多，或賣掉文山區的房子搬到大安區去了。

上一代比較好賺錢，房價比較低，這一代要買，很多都要爸爸媽媽支持頭期款。我的下一代要自己買房子很辛苦，因為我很可能無法支持他的頭期款。

居住正義或者各類社會福利，要從兩方面下手，不是針對各福利就直接開支票，或蓋房子給他們，要針對公民的工作跟家庭連結下手，也就是說應該把同類型工作的人，讓產業去幫助他買房子或租房子，像我一些侄子在搞軟體的，軟體界可以組成一個什麼軟體連盟之類的，工作地點附近的房子很便宜租或賣給你，創造就業穩定以及產業競爭力。台灣可以讓社會福利透過工會，工會不是工人的工，老闆可以一起跟員工成為一個會。

大公司照顧小公司，小公司跟大公司一起照顧員工，針對產業來照顧，來創造工作，透過工作解決社會問題，包含居住正義的問題，二十年後的台灣，應該要有三成的人及其家庭，是住在產業連盟（包含軍公教）所提供的出租宅或無息貸款宅，以及社會住宅中。

家庭也應該是補助的對象，如果成家或家庭人口多的話，要被鼓勵，成為被補助的單位，如果有去工作，透過工作可以得到很多社會福利，而不只是勞健保而已，

如果大家可以工作條件很好，你想想看那個社會的氣氛是很棒的，勞資的關係很開

心，透過公司以及產業，你實現了自我，也取得社會福利，有錢人尊重窮人，窮人也有很棒的基本生活，北歐做到了。

維京經濟

介紹一本書叫做《北歐模式：看現代維京人的經濟冒險，打造世上最富庶幸福、自由平等的國家》，你上網查一下世足賽的北歐隊，他們的粉絲如何替北歐隊加油，頭上會戴北海小英雄的海盜帽，口中會集體呼喊海盜式的聲音，海盜的子民，經過了數百年的演化，發展了很多美國人想學習的北歐模式。

作者是美國政治記者娶了挪威人，書名標題是「為什麼斯堪地那維亞人（北歐人），能夠把這個社會調得很對，而且我們如何也能做到？」我們指的是美國人。

如果丹麥做得到，我們一定做不到嗎？北歐不自稱福利國家，他們叫「服務國家」，一個充滿社會互助氣氛的社會，大家相互幫助，想賺錢要付出，想得到社會福利的人也要付出。

台灣的法鼓山以及基督教團體司馬庫斯做到了，台灣如果有更多的法鼓山跟司馬庫斯結合各教育單位，比如說文山區政大結合萬芳醫院，結合整個文山區的宗教與教育，把文山區變成一個法鼓山的這種社會福利聯盟。政權有時會害怕這種產業連盟，因為控制人民生存基礎的福利權下放，選舉就很難操弄，不過大家可以想一想，這也許是台灣該走的路，台灣的丹麥路線可以是一個美善社會，美善社會不強調福利，強調人心美善的相互合作，法鼓山以及司馬庫司是在台灣很好的兩個美善社會案例。

二〇〇三年至二〇〇五年，我考慮成為佛法中的出家人，實質地參與了一些佛教界的清修道場，第一站是法鼓山，一般有制度的寺廟是要因緣和合才給外人住的。聖嚴法師和我的一些對話，令我印象深刻，他溫和敏銳地探查我親近道場的動力，告訴我他看到我的政治文宣中有「菩薩道」三個字，令他驚喜，又問了一句，「你參加政治，我們來支持你如何？」我沒有回答他。他的侍者安排我去男寮（男性出家人住的地方）作同住義工，我有大約六個月的時間與出家人共同作息。

山上空氣清新，居所是半山腰上的四層現代台日式建築，師父住側邊四樓，法鼓山上的義工生活，早上的動禪與固定的生活勞作很有意思。山上大眾用餐動輒上百有時數百，你很難想像從作菜到洗碗到拉圾分類等等，有條不紊，而且有個文化，熟悉潛規則的人，會耐心地帶領及導護不熟悉規則者，是個很有境界的團體互動。山上除了出家眾與在家志工之外，有個僧伽大學與其相關教職員學生宿舍、圖書館及電腦室等等，像個小型的理想國。

我在想：台北市文山區、中正區、大安區以及大台北各區，為何不結合各宗教團體、餐飲零售、各類保健醫療、舊衣回收、民宿出租房業者、瑜珈正念中心與學校等等，興辦社區跨界聯合「法鼓社區」，創造就業以及社會民主經濟生活。山上有個小溪，溯溪而上，美山妙石映入眼簾，小坐一下，調調呼吸，轉轉眼球，鬆鬆肩骨，人生，生在當下，死在當下，生死變化是常態，靜觀自得，世出世間無生法忍，喜悅祥和自在。法鼓山下，有個民間宮廟，與山上不僅不對立，有很和諧的合作情感，信眾供養以及物資相互交流。由於感受到它離生活太遠，我回到了生活職場及家庭中，實踐居士法門。

新竹有個原住民「司馬庫司」案例，結合了長老教會與民宿業者，也是可以參考的推廣模型。「合作經濟」提供了合作社、互助組織以及協會，基金會針對家庭、經濟、健康以及身心靈生活的社會企業實作，社會企業的精神，是以資本社會的商業模式，解決社會問題，創造以合作駕御競爭的安居樂業環境。國際上定義合作社為：「基於共同所有及民主管理的企業體，為滿足共同的經濟、社會、文化需求與願望，而自願結合之自治團體。」

商業公司以創造股東價值最大化為最高原則，社會企業以創造利益相關人價值最大化為原則，利益相關人的發言權不以股權作為計算，而以合作性社群組織作為對話單元的分類。「司馬庫斯部落勞動合作社」下設九個部門，所得利益均分。合作經濟以及共享經濟，不是共產主義，像丹麥實施合作經濟，但是大部份的生產原件（包括土地）都是私有的。

《北歐模式》說到，一般認為保姆國家，居民依賴能滿足生老病死的各項龐大福利而活，本書作者告訴我們這是錯誤認知，北歐人反對各國實行的福利制度，他們以全面服務來取代。

北歐人建立了非常不一樣的制度，由得到授權，掌管自己國家的公民在一九三〇年代建立，他們一起創造了合作系統，滿足大部分人在不同階段的需求，以愛心作為基礎，真心團結分工合作，不用衝突、不用鬥爭，互助合作，各盡所能，共同分享，這不是現代桃花源嗎？

台灣要學習成為合作國家，避免成為封閉的保護國家。

比如說網路工作人員合作系統，為什麼不能大家聯盟一起？比如說心理治療師聯盟（諮商、臨床、精神科醫師、社工、特教、職能復健、教輔以及軍輔等等），或者是衛生服務人員聯盟等。勞工利益有一百種，一例一休不能解決一百種不同的勞工利益，需要有志之士把勞工或產業分成多種，勞工跟產業提出他們利益，把稅金回饋一部分給他們自己使用，很多學者提過。

大家應該去參觀丹麥、挪威、冰島以及芬蘭，歐洲小國荷蘭、比利時以及瑞士也很值得參考，感受一下小國人民的公民文化以及社會氛圍，國民平均捐助名列世界前矛，挪威在二〇一一年時，發生極右青年射殺許多工黨舉辦的夏令營青少年，社會不僅沒有充斥著將犯人處死之聲，反而堅定地試圖理解社會價值與瘋子之間的衝突，北歐人心真的是比較進步，雖然沒有紐約，或者倫敦的高樓大廈，但，這是台灣應該走的路？我認為是，社會福利以及公民文化要學習丹麥以及荷蘭，國際軍事以及科技戰略要學習以色列，經濟開放以及語言政策要學習新加坡，全盤西化但保有傳統要學習日本。

第十三集　中美貿易大戰與台灣

中國成為世界大國，其經濟路徑跟台灣過去鑾像的，依序以農業、製造業及貿易開始，最大的不同是中國內需市場很大，但由於過於注重製造及貿易，產能及外匯過剩，一帶一路及非洲大投資，是不得不然的經濟方向。

中國三兆美金外匯存底全球第一

台灣一直以進出口貿易作為經濟的主要動能，過去也有很大量的外匯存底，所謂外匯存底，就是賣出產品收到美金，買入產品付出美金的差額，相比之下如果收得多，付得少，就會存入外匯美金戶，這叫外匯存底。

中國外匯存底，有很大部分是跟美國做貿易，也就是說中國境內生產的產品出口至美國海關到境內，成為美國消費市場的產品或原件或零件，相對於美國產品出口到中國，從中國的角度是順產，美國的角度是逆差。

中國的外匯存底，買了大量的美債，同時向國外發展一帶一路，成為世界上第三大債權國，僅次日本及德國。

美國是全世界第一大債務國

美國雖成為世界上最大債務國，然而美國運用向各國借來的錢，製造全世界都須要的武器、科技、網路、媒體以及蘋果手機，回銷全世界，賺了大把鈔票及股市的資本利得，現在想透過中美貿易大戰，將分散到世界各地的製造業拉回，同時迫使中國談判「新的世界秩序」。

美國拉回製造業的主要目的不只是增加就業，而是智慧製造不能被中國或其他國家主導，人工智慧革新製程已是大勢所趨，傳統的製造業將不復存在，無人商店或無人工廠會漸漸普及。

郭台銘董事長說了句非常精闢的話，他表示，「中美不是貿易戰，是科技戰」，也就是說，美國賣給中國的東西，表面上看起來數量並不大，但很多是關鍵零組件，像華為以及中興的關鍵晶片是從美國來的，如果沒有從美國進口關鍵零組件，中國各主要通訊公司所生產的產品完全沒有用，而且替代品很少。

美國反對中國法定海外法人投資中國必須合股，因此無償取得技術，這是貿易戰的目的之一。

很少有國家或公司有這麼高的科技，能夠做出這些關鍵零組件，再者中國很多的重要產業機械，像晶圓代工廠所需機材是美國應用材料公司提供，如果美國不賣給你，半導體業很容易就掛掉，不只是貿易順差、逆差、貿易量以及關稅的問題。

所以中國針對美國進口的汽車以及農產品課稅，那美國也選了中國出口到美國的相當大比例的產品課稅，測試一下雙方貿易戰爭會帶來對雙方什麼樣的影響，美國不僅對中國貿易開戰，川普對全世界貿易開戰，但最後的目標是中國，以及對中國友好的北韓、伊朗以及土耳其，歐盟曾經對美國的哈雷機車提高關稅，哈雷公司想要移至歐洲生產被川普制止，美歐以及美俄之間已達成多項合解，美中之間五年內心解難了，川普即使卸任，共和以及民主兩黨都會持續壓制中國，最終希望中國成為與俄羅斯一樣的民主國家。

美國啟動貿易戰的目的有三點

這場中美貿易戰，除了課稅以外，其實還沒有到經濟封鎖或禁運，有啟動些許禁賣某些關鍵零組件給中國，專利以及科技保護被聚焦。美國認為中國成為全球第二大經濟

體，卻仍然在世界貿易組織中享有開發中國家的待遇，向全世界撒錢的同時，還在南海、馬來西亞以及非洲等地設置了軍事設施，不僅在國內高唱「中美終須一戰」，實際上也擺出了要挑戰美國在印太地區所帶領的秩序。

美國期望中國能做到第一點，不應該再自認為是開發中國家，享受世貿組織以及種種貿易保護。第二點，美國希望改善中美貿易的不平衡，例如中國能把人民幣升值，能夠讓中國進口更多東西，中國出口少點東西。過去一美金買六塊人民幣到現在四塊又被拉了上來，這是一種人民幣升貶值的動作，中國出口成本越來越不利，中國進口越來越便宜，改善中美貿易失衡。第三點，美國希望中國能夠改變一些企業保護，例如要求國外高科技公司必須跟本地企業合股設廠，借由法規跟公司法的保障，將高科技技術透過種種投資限制，強迫轉移給中方。

中美貿易大戰中，相互課重關稅，總的來說，中國會傷得比較多，因為中國賣給美國比較多，而且貿易內容物的替代性高。

川普有別其他領袖之領導風格

美國哈雷機車賣到歐盟被課重稅，川普馬上警告哈雷公司不能把生產基地移到海外，川普是位非常特殊的民主國家領袖。

他以前是軍校出生，也是位大生意人。他可以把航空母艦開去太平洋的西北方威嚇北韓，這些動作跟傳統美國的政治人物很不一樣，很像在打商場的戰爭，一切以川普所詮釋的美國最高利益為原則，其他都可以彈性變化。不管是中美貿易戰或者對北韓的軍事壓制，或者跟俄羅斯的戰略競爭與合作同是如此。

我們台灣人可以趁這個機會了解一下，美國這個經濟、軍事之世界大國，在戰爭時能夠出什麼招，美國現在只是課稅，有些國家就會翻起來，請大家不要小看川普的作戰意志。

台灣的媒體以及政治領導人，要很清楚地告訴川普政府，台灣接受美國支持，對雙方的好處？有什麼壞處？不是一句「台灣處於西太平洋第一島鏈中的關鍵位置」就可以帶過，我們須要美國什麼樣的支持，要講清楚，其成本效益為何？台灣人要把生意頭腦灌入政治溝通，川普才聽得懂？

韓國瑜呼籲國人不要懷疑中國統一台灣的意志，小鷹呼籲中國以及韓國瑜不要懷疑川普想要馴服北韓跟中國的意志，但是美國會把面子留給中國，川普要賺得裡子以及所謂「秩序」，讓中國以及世界知道美國仍然是老大，而且美國明顯經濟復甦，川普真的準備跟中國開戰，請不要懷疑。

川普二〇二〇連任之前，美國人仍是老大的態式是有實力支撐的，但是美國也不想真的傷了自己毀了中國，所以美國會一步步的出招，美國不僅出招有次第、有步驟，美國在宣傳以及思想、論述上，也是到位的。

中國的反擊論述很弱

中國對國際媒體說，美國是在經濟霸凌，這個論述太弱。中國對台灣，對南韓，對很多國家，都做過類似經濟霸凌的動作，一帶一路也明目張膽的想透過經濟援助某些國家的基礎設施，來控制及參與該國政治，其實手段相對於美國比較粗造，正如同藍綠惡鬥，民進黨手法雖然比較高明，但阿扁收錢的技術就明顯比國民黨差很多，我們攻擊政治對手時，要先反省自身。

不過中國應該慶幸，自己有這樣的實力，讓美國這麼認真地開戰，中國也準備好了，不管在網路上或在很多媒體上，雖然在接戰，但是如何退讓，已經在鋪陳。很多中國媒體，甚至官媒已經在說中國沒有那麼厲害，我覺得這是正確的方向，中國應該改變中美終須一戰的思維。

中國自然柔順融入美國以及西方大國的世界秩序，再三十年，必定跟美國平起平坐，在這個時間點跟美國對幹是不智的，即便沒有真的對幹，你在南海的佈局、一帶一路的作為，以及知識分子在媒體上跟美國心理上對立，當然川普會出手。

這次貿易戰，雙方互相課重稅，還不是重頭戲，我認為美國如果停止一些關鍵零組件給中國，或者一些關鍵設備給中國，中國整個重要產業會停止，其實華為、中興某種程度已經無條件投降。最後的協議是高階人事改組，公司的法務改由美國籍，這不是無條件投降，什麼是無條件投降？

我覺得中國可以藉由這次跟美國對幹，測測自己的實力，不需要測美國的實力，美國真的要經濟上對付中國，不是現在這麼的小心翼翼，美國要中國負擔更多的國際義務，而不是在保護傘下無償使用西方國家的科技，以及用不太公平的方式去霸佔南海，以及一帶一路相關地域的政濟控制。

美國才是老大

台灣人要了解西方人，台灣人的思維要靈活，此次最重要的是看到美國的確是老大，台灣領導人要以川普風格和美國合作。

祖墳旁的樹枝、樹葉以及天空，我的「根」以及「幹」在哪裡？

台灣的國家利益跟美國的國家利益重疊的部分，要認真的去把握，現在是最佳時機，並順勢成為印太戰略裡面一個重要的基地，不只是軍事上、經濟上，透過購買美國的軍事設備，開始有機會參與美國軍事零件的生產及維修，也許未來美軍駐台，也是一種觀光的商機。

再者，跟美國、日本合作教育，台灣為什麼不把高等教育硬體整併，跟美日一流的學府合作，我個人認為政府的動作，方向可能對，動作真的太慢。

小英政府要快速全方位跟美日結合。不單單只是軍事和觀光，可以增加教育方面的合作，甚至法律上，互相承認雙重國籍的合作，包括法人雙重國籍或三方合股的深化。

台灣作為一個開放的島，原則上歡迎中國及世界各地的錢、人、資源、知識，戰略上、軍事上、國家安全上，我們站在美國、日本這邊，但是中台利益上、交流上，我個人認為原則性限制，可大幅開放，什麼是原則性限制？

在不妨害國家安全的前提下，我們大量與中國人才以及經濟交流，當然很多人會害怕被大陸吸過去，其實原則及法律如果真的定下去，兩邊交流就會變得很謹慎，也就是我們不同意台灣是中華人民共和國的一部份，但是可以有條件同意一中各表九二共識。台灣對付中國的利器是：同意清楚定義的九二共識，中國可能無法具體回應。

台灣人不夠了解中國或也不夠了解美國，主要是深度的全面對話不夠，政府應該鼓勵中台媒體理性對話辯論，大部份人對統獨的解析是薄弱的，中美貿易大戰只是中美對立的序曲，台灣公開及實質上要力挺美日台連盟，不涉國安議題與中國增進交流，要對九二共識清楚表態，一個中國就是中華人民共和國，台灣的中華民國名不符實，兩岸的未來是特殊的兄弟之邦。

第十四集　後現代政治與語言

選舉很像催眠，感官發散與聚焦，最終我們走到投票所，投下神聖的一票，某人當選，某些人落選了。也很像假日去教會，有人去禪修，有人去旅遊，生活中倒底什麼吸引了我們，決定了我們的假日生活。政治人物的特質：政黨、人格、形象、年齡以及語言，倒底何者吸引了您，決定了您在選票上蓋章的位置。也有點像看一場大型戲劇，我們來看看台灣的政治選舉，要怎麼演下去。

柯文哲現象的演化

選舉的過程，選民像小孩或老人坐在搖椅，被灌輸及建構了很多政治訊息，最近川普總統評論歐巴馬的演說像催眠，也就是這個意思。

以柯P為例，他本來是一位台大急診室的醫生，為什麼會變成一位政治人物？公眾人物在媒體上曝光，被媒體及人們談論，形成了我們認識的柯P，柯P不是柯P，柯P

是談論柯P的人所形成的柯P。

除了上一次二〇一四年市長選舉的時候，莊瑞雄推薦柯P，在之前他已經有媒體的關注力了，是什麼讓他開始被注意。他發表了一些在急診室的觀察，這些觀察是很政治的，也很溫情，很像法國總統馬克宏的手法，柯P早期言論很有批判性，也有社會關懷，比較中間不藍不綠的語調。

他的背景是本土醫生，給民眾一些二二八受難者後代的感覺，因為民進黨在台北市缺人，剛好小英的整個政策是想讓國民黨邊緣化，所以柯P就上來了，搭上那時候的綠營認為怎麼推人都會輸，小英很想用合作的方式贏，所以柯P就起來了，對手連勝文敗北。其實連勝文如果是市長，我認為他可能會做得比柯P好，只是那時候二〇一四反中反馬氛圍很重，連勝文又被成功地標籤為權貴，柯P贏了後，滿足了小英以及民進黨當時整個氣氛，是要讓國民黨邊緣化。

二〇一四民進黨得了大勝，不過這個勝利與黨的獨立建國精神，差得很遠，不管修憲、制憲、公投，在體制內要獨立建國，現在民進黨的立委席次以及民進黨與小英的關係，整體而言，台獨只是空話，更遑論王丹所言：「台獨不願流血是打嘴砲。」民進黨不單僅新系，整個黨都務實得不得了，即便阿扁統整獨派及反小英勢力，也是務實戰略而已，阿扁想去美國就醫吧？小英說柯Ｐ變了，政治環境以及政治人物都變得很快，為了延續政治生命而改變，無可厚非，台灣價值若說不清楚，事關重大。

民進黨觀察柯Ｐ，正如同小英曾經被民進黨觀察一般，民進黨的核心是新系、蘇系、正國會、海派（謝系）、獨派、泛扁系以及大老們，整合為新蘇合體，正國會統整扁系抗拮新系的趨勢。小英在行政面與賴院長搭配，黨靠新系、英系及陳菊鞏固，柯Ｐ和中國裡應外和，成為二〇二〇最能夠捍動小英的總統後選人。郭台銘董事長在有線電視系統停播民視事件後，一石二鳥，隱含不選總統的表態，專注中國募資活動，二〇二〇能讓小英無法連任的勢力恐怕只有中國柯Ｐ。

世大運後，柯Ｐ整個架勢出來了，不太需要民進黨的支持而能鞏固政治實力，柯Ｐ批判民進黨中央，在選民心中聲勢大漲，淺藍淺綠的票都有，政治的核心就是政治利益：權利，誰當選，誰掌控資源，掌控政治資源，柯Ｐ是這樣起家的。

中國共產黨希望台灣能有像柯Ｐ這樣優秀的本土人士領導台灣，又願意跟中國談同樣的話語，所謂兩岸一家親，或是命運共同，其實這句話很多人講都沒有什麼問題，不管藍軍或綠營的人講都沒有什麼問題，只是柯Ｐ世大運結束後的攻擊路線，是綠白正式決裂的開始。柯Ｐ沒有在統獨語言上向左修正，種下民進黨基本教義派以及基層和柯Ｐ

決裂的因子，如果民進黨基層不跟柯P決裂，小英的路線會持續擴張，很多綠營的政治人物會被邊緣化。

很多號稱實踐民進黨精神的戰將以及基層，都不是省油的燈，不會被小英的合作路線牽著鼻子走，因此柯P講了兩岸一家親，話本身沒有錯，只是彰顯了不受控制，一個不受控制的柯市長，民進黨為什麼要支持你？小英支持你也許有合作空間，問題是小英不等於民進黨，這是民進黨裡面很大的矛盾，民進黨曾經有百分之八十五的黨代表聯名要蔡英文主席特赦陳水扁前總統，蔡英文只請了總統府的發言人說，我們民進黨從來不是以黨領政，這講得都沒有錯。

總統制底下的政黨政治永遠會失靈，台灣的政黨政治只存在於在野黨，執政的政黨會以政領黨，因為行政首長有資源、有位置、有影響力，可以實質領導其所屬政黨，此時路線以及資源矛盾便會發生，馬英九的第二任總統任期內和國民黨的矛盾也很明顯。民進黨黨員跟蔡英文的矛盾對雙方都不見得不好，因為小英的票上次很高，小英需要有一點點被獨派挾持的態勢，比較好能夠掌握中間選票。

國民黨的核心是黃復興軍系

國民黨的核心是黃復興軍系，黃復興黨部系統對外選舉形象經營得很好，不過你仔細去看各黃復興相關人的從政脈絡，其政治利益結構，絕對是跟國民黨整個黨國利益緊扣的，跟全台灣大部分基層民意是脫離的。二〇一八年促轉會東廠事件，重挫促轉公益形象，「轉型正義」是到了「幸福對話」的時候了。

張天欽變成了黃世銘，蔡小英不會變成馬小九，因為台灣須要真正的轉型，才得實現社會正義。轉型正義源自於西方民主國家過去對於歷史上的集體不正義，社會立法進行文化、思想以及實質上的正義轉型，納粹德國轉型為現代德國，便是很好的例子。

我們先不要講本省外省，大部分這些國民黨老一代的，和軍公教高層的利益長期合作，藍軍的人才，搞思想，不來硬的，不是來打架的，他們懂選舉，懂人心，各個都是「三民主義巡迴教官」，透過控制教育、思想、軍隊、國營事業以及公務體系來維繫政權。對於本土人士，透過農漁會地方勢力以及各類商業或位置，進行利益交換，但不准有本土思想的萌現，許信良以及趙永清這類國民黨的本土清流，勢必會離開黨國系統。

三十年前和黨國利益一致，是社會的核心，現在和黨國利益一致，是被批判的對象，黨國的影響真的是很深，尤其對教育的箝制，到今天這種遺毒結構仍在，在師範體系高

燦哥、賴神、花媽撐起「英新體制」。

教行政系統中為甚，但我並不想抹殺國民黨的所有。早期跟著蔣介石一起來的知識分子，其實是很愛台灣的，這些人想把台灣建設成三民主義的模範省，很多這種知識官僚、技術官僚，是很認真在經營台灣這塊土地，但是蔣介石政權帶來的結構，一直到今天，種下了台灣威權下不健康的基礎。

小英鷹

小英就像一隻飛不起來的大鵬金翅鳥，須要有很多小英鷹在其週遭護航。小英的領導穩健有餘，積極不夠，改革發散，力道不足。小鷹樂意扮演聚焦、收斂、護航以及清除障礙的動作。幸福對話之後，便是行動，具戰略性的執行力，即是鄭文燦模式，即是小鷹的執行力模式。我不想用綠營來標籤自己，我覺得支持主體性的人，都希望團結本土意識，正如同民視的郭倍宏先生想要團結台獨，本土比台獨稍微擴大了一點，小鷹想要團結本土，本土的意思是什麼？

本土的意思就是台灣的前途由二千三百五十萬人自己決定，即便我們決定要統一，要講清楚如何統一，其實馬英九講的很清楚，我們先同意一中各表，然後簽兩岸停戰協議，然後慢慢做生意以及全面交流，兩邊已經分不開，分不開之後，公投贊成統一，結果最後變成類似香港這樣。

馬英九比較厲害的是，很適時的把自己轉化成新台灣人形象，跟這些本土利益連結，也很快地拋棄了新台灣路線，利用中國大陸的支持，成為統一派的正統，認真地去為台灣跟中國統一鋪路，這是馬英九路線。有些中國派宣稱他們也不願意被中共統一，甚至告訴我台灣沒有統派，只有中華民國派，只是民進黨挑撥族群意識，讓我們這些佔台灣人口二成多的四九族群很難被信任，台人在中國發展有廿萬人，其相關選民，是社會的中堅人士，台灣政壇在獨立的路線上，要謹慎再謹慎。

我們不應情緒性批判統派，有些統派認為一國兩制對台灣比較好，不用打仗，投降比較快，比較輕鬆一點，支持本土意識的人，不求快，鞏固本土意識要堅定，像李明哲被抓，過去支持民主的先賢先烈，絕對不亞於孫中山革命的犧牲。很多人為台灣這塊土地犧牲，投降很容易，大陸現在還沒有像美國那麼強，我們好好過自己的日子，戒急用忍是對的，請大家不要貪財怕死。

爭取選票的過程不能自我矮化國格

最近要選文山大安區的某議員，居然在電視上講兩岸關係的位階優先於台灣的外交關係，真的很可悲，台灣一位年輕人選議員，自我矮化國格。請大家想想，不管年紀大的年紀小的，這麼自願投降矮化國格，你覺得身為台灣人還有什麼意義。所以大家要努力對話，努力團結，毫不退讓，國家首都就國家的首都，什麼中華台北，別人壓迫我們是別人壓迫我們，我們要怎麼做，自己要先拿定主意。

台北市出來投票的一百五十萬選民該如何區分？政黨偏好可以看出一些，基本上代表了統獨偏好，省籍文化偏好，你支持民進黨，你支持國民黨，你支持親民黨，你支持新黨，你支持時代力量，政黨偏好在這一百五十萬人裡面，支持民進黨的可能三成，支持國民黨的，以前有四至五成，現在很難用國民黨來計算，親民黨、新黨這些都加進來，甚至統促黨，民國黨也加進來，中國一打壓，藍綠就對峙，中國想要籠絡柯文哲，為什麼？

他本省籍，有中間票，有年輕票，像丁守中最多就像洪秀柱這樣，反正本來就會靠攏中國。中華民國只有在國內喊，把它變成英文，走到全世界都自己打自己嘴巴，Republic of China，四十年前你說 I am from Republic of China 就是中國來的，I am from Taiwan 才是正確說法，既然從台灣來，為什麼國名叫中華民國，全世界都不解？

選民除了從政黨偏好來看，年紀也可以作些區分，大概五六十歲以上這種年紀，即便沒有政黨偏好，省籍差異造就中國文化跟台灣文化的不同，像我媽媽的年代，阿姨嫁外省人很少，我們這個年代，四五十歲，省籍間通婚很多。五六十歲以上因為文化差異，國民黨裡面，很多本省人是支持所謂本土派，像段宜康以及范雲自稱本土，他們是外省二代，可以去想想這種認同。

民進黨執政左派務實化

癈核、癈死、婚姻平權等等都是偏左論述，以前新潮流有很強的左派路線，後來阿扁把它壓掉，阿扁認為搞統獨就夠了，左右不用談。整個台灣政界，左派跟右派一直在變，反主流的，對主流做一些思辯的，對資本社會現存的威權做抗爭，這些都是左派，民進黨曾經有這理想，尤其新潮流，後來都務實了。

左派風格的現代版像法國總統馬克宏，他以前是偏左的，現在穿西裝打領帶，娶一個年紀很大的時髦老婆，這是現在的中產左派路線，蔡英文走這種路線，還有很多中產階級左派，台灣沒有左右，大家也搞不清楚什麼是左，什麼是右？台北市選民只是看形象，就是中產階級以及後選人的社經生活風格，中南部你稍微樸實一點，甚至中低層穿著一點，有票，像阿扁以前這種，我是貧民戶什麼，中南部很多搞這種貧民出身怎麼樣，無聊，真正左派鬥爭不一定要自己壓在低賤的位置，那其實是很惡毒的。

那年齡、左右，政黨區分之外，我覺得性別對投票的影響，在綠營中是有的，女性中年以上，對柯P比較友善。進步路線包括蔡英文和民進黨，站在反黨國體制轉型正義，這力道很強，轉型正義不等於去蔣，轉型正義有方方面面，像我自己非常支持轉型正義，尤其針對教育體制，轉型正義不一定只針對國民黨，民進黨很多該轉型。

我曾參與輔導教育體制，看到早期黨國體制，救國團留下來的思想限制，輔導長這種觀念就是黨國體制，台灣人小時候當然要給你填鴨教育，你太會想的話就搞鬥爭、要革命。

我小學的時候，學校要我填寫祖籍，我寫下「福建」，其實我父母的祖先們，來台灣已經三百年了，直到我讀到法國法農寫到他們非洲裔法國人的文化扭曲，我才知道我被高級的外省文化殖民了。

台灣的教育要先改革，教育行政法規全部都是政治，沒有人白紙黑字犯法，不管是蔡英文、管中閔、馬英九、陳水扁，他們水準這麼高，都是模糊地帶，行政裁量權可以判斷的地方，踩著灰色地在政治衝突中被辦。學術是要中立，但是國家政策要進入教育的殿堂，而且絲毫不能更動，國家政策以下學術搞科學，這些應該中立。

統獨問題

台灣最大問題是統獨問題，但是統獨是假議題，主體意識是真議題，我們不要講統獨，講我們做自己的主人，要統就統，要獨就獨，我們二千三百五十萬人自己做決定。老百姓要的總統自己選，自己的市長自己選，我們自己負責，票不要亂蓋。台灣的主體性運動要在內部不斷地細緻辯論，也可以邀請中國代表來台參與，「民主」已成為最大共識，贊成統一的馬英九最終會用公投來支持統一，贊成獨立的賴清德最終也必須使用民主程序來完成台獨。

台灣的國語比中國普通話文雅一點，比較溫柔一點，國民黨這種講和諧的，一直溫良恭儉讓，把大陸給讓掉了，我看國民黨在台灣也沒辦法執政了，國民黨要認真學左派思想，不然很難復興。希望馬英九們不要也把台灣讓掉了，感謝。

羅文嘉曾經協助陳水扁選舉市長的時候，應該是連任的時候，好幾個事件讓大家覺得太超過，雖然我支持本土，可在你若罵中國豬或什麼這些污衊的話，中間選民會反感。我們要認真把柯P定位成為中國派，可是要細緻溫柔地去說明，不要以為兩岸一家親，好像說我們還有機會跟對方一家，位置是平等的，對岸還沒統一你之前，給你一些甜頭，等你被統進去之後，就被他壓得死死的，像香港一樣，柯P的路線是跟投降路線差不多。

我認真呼籲，不管任何選舉，台灣的公民千萬不要因為中國的武力威脅，或利益誘惑，而改變我們選舉的偏好，大家要不斷的自我洗腦，大陸給我們的利益，本來就是台灣應得的。大陸為了吞併台灣，先把台灣該有的交往拿掉，然後你如果同意一個中國我再給你，這是什麼樣的好鄰居?當然是敵國。

國家定位不能模糊，即便我們現在沒有正式獨立，你把自己的定位模糊，自我矮化，最後變成香港。主體意識正如同人格一般須要先確立，如果那麼認同中國，請您回歸，台灣還是可以來，你就入中華人民共和國國籍好了，何必要在台灣去搞一些不清不楚的統一。

後現代政治的有機

我以前做創投，然後有好幾年在搞身心靈，我自己有一點左派理想，有什麼政治利益?我一票而已，為什麼要費那麼多力氣宣導我的理念?我好好賺錢不就好了嗎?但我對出生處腳下的這遍土地有情感和責任，我想讓它更好。首都選舉，我本來寫說「看大戲」，後來打字打錯變成「看打戲」，因為我是學心理諮商的，打錯字是潛意識的訊息。政治除了走出自己的路之外，就是「打」以及「攻防」。我們看政治人物，如果他講錯話，你去看他真誠的表現，他的身心動作，講錯話，情緒，真誠的情緒，流露出他的性格。

我們要聊一下後現代，後現代對很多人聽起來很遙遠，說簡單一點，就是現代西方工業革命以後，有汽車、有蒸汽機，這個物質科學，到後來的飛彈，還有我們所有的物質文明，手機這些，都是現代產業，或者是現代科學思想的產品，我們把這整個脈絡思潮叫「現代」。

後現代思潮反省現代社會的主流與壓迫，實證科學加上金錢體制，所謂資本社會，人人都被綁死，後現代要解放現代的習以為常。國民黨就是現代性的產物，雖然孫中山當初革命的時候，是革了這個腐敗清朝的命，蔣介石接手之後，就跟美國的這種現代性做結合，踩上了鞏固威權的位置，共產黨當然趁機而起，他們走上左派路線底層革命，底層革命跟後現代思想很有關係。丁守中和段宜康曾經在媒體上對話過師生關係，丁委員以現代觀點認為老師負責教，學生負責學，段宜康以後現代觀點，認為學生才是學校的主體，課程還給老師，自治由學生主導，校方輔導以及訂規則。

學者邱延亮（阿肥）出本書叫《後現代政治》，其中說到後現代政治的有機，有機農場那種有機，像我現在網路發言，這是後現代政治的一種有機。大家都在談政治，像荒野蔓草，大家都可以長雜草，民主果實在這裡面自然成長，而且民主如果出現假新聞，公民的有機性會自動去抗拮、循環而形成堆肥，把這些危險言論，大家會去提防五毛黨，最終滋養壯大了民主。

大家都知道有五毛黨，你網路上很容易辨識五毛黨以及色情黨，比如說只有一個人頭、半身或全身照片，沒有家裡照片，沒有學校照片，沒有生活照片，名字很奇怪或名字很正常，簡體字，或者美軍形象，你認真看一下網友，有很多都不應該加做朋友，尤其他給你一些奇怪訊息，沒有必要有那麼多網友，刪掉吧。

後現代的有機性展現在媒體、網路文化裡面，後現代的語言很有趣，光是我在網路上講一個什麼 Taiwan Taipei 台灣台北，應該台北台灣，那我是這樣說，雖然網友認為我講錯，可是我覺得台灣台北相對於 Chinese Taipei，因為我們在奧運的名字叫 Chinese Taipei，以台灣取代 Chinese，而且我們喜歡台灣這名詞宣揚在全世界，台北其次，台灣這個名字很重要。有人認為我不應該先小鷹英，而應該寫小英鷹，您認為呢？

語言代表一種文化，文化是政治的核心，我們的思想和生活習慣，這些都是文化，語言是文化最重要的一個部分，台灣的政治語言真的很有意思。

第十五集　吳音寧事件以及政治監督

台北市市長選舉聚焦在吳音寧事件，是台灣政治監督的悲哀。

政治監督首重質性與量性目標的達成，例如台北市的交通事故是否下降？事故致死率是否下降？台北市各家戶房貸償還能力是否提高？自殺事件數字是否下降？高中生英文聽說能力是否增強？犯罪數字是否下降？這些才是人民想要知道的量化目標，至於質性目標，就是施政有感以及幸福感。

操作吳音寧事件

吳音寧事件提供了台灣人民，什麼樣的政治現象與覺察？她是一位年輕社運、農運人士或文青，父親是台灣文學很重要的人士，也曾經在小英總統府擔任資政，吳音寧接了北農韓國瑜的位置，是誰發佈任命呢？要在市政府相關機構做官，一定要通過柯文哲市長。

柯文哲早期在派任官員的時候，有變多的政治平衡在裡面，不管是尊重民進黨、新潮流、親民黨、新黨，宋楚瑜體系，或者姚立明老師推薦的，也就是在選舉的過程裡，對柯P有重大幫助的這些人事都必須被對重。

柯P用人的政治平衡，最明顯的是陳景峻副市長，他曾在新潮流系統內，在柯P旁扮演要職，鄧家基副市長有強烈的親民黨以及新黨背景，也是一種政治平衡，至於柯P旁邊的「蘇志誠」，就是蔡壁如，表面上任務解除，實質上在幕後操盤。

吳音寧到底是誰任命的？很明顯的有尊重綠營的看法，他用韓國瑜當然是尊重所謂藍軍裡面的非主流，誰接他的位置，掌控了韓國瑜市長候選人及柯P執政的關鍵資訊，也就是韓國瑜在北農的所作所為，如果接任者願意把他揭露出來，對韓委員在高雄選舉的時候，攻防比較有料。

韓國瑜說，推動高雄市中英雙語，呼應賴院長施政，搶得鎂光燈，回應對手批評其岳父從事砂石業，他說，「我岳父從事砂石業，不是殺人業，而且是二十年前的事。」話語機鋒，閃閃亮點。

柯文哲市長尊重綠營用了吳音寧，柯文哲路線非常明確，你看他在電視上講的話，還有他專注的事件，都有意無意的在表達藍綠惡鬥。

他說你看吳音寧是綠營的，韓國瑜是藍營的，兩人鬥來鬥去，藍軍罵吳音寧時，綠軍去保護他，綠軍罵韓國瑜時，藍軍會去保護他。柯P說，他覺得兩個人都不錯，也不曉得藍綠為什麼這樣惡鬥，這是柯P的路線。

選民不要被這種事件牽著走，要專注市政大項目，比如遠雄大巨蛋案，它牽涉到預算，它時間的拖延，納稅人要多支付多少的利息和違約金，大巨蛋延宕時程造成的利益損失很大，另外柯P放水閒置地產課稅政策，影響的利益也很大。

遠雄案最初只是政治鬥爭，然後講了公安問題，過去郝龍斌跟遠雄簽約，難道會笨到違法嗎？這些都是政治操作，當然政治操作也不會違法，就是挑模糊地帶，這麼巨大的合約要挑毛病不是太難。

大家要多關心遠雄大巨蛋案，而不是去關心吳音寧送了幾萬塊的菜，或柯市長的助理送了洋酒，這些都不是重點。當初我投柯市長一票，就是希望柯市長能夠做這些不一樣的建設，我問了很多人，柯市長到底做了什麼，能夠打破藍綠惡鬥？回應不多，有些人說，柯市長把忠孝西路還是東路，有些橋拆了，網路票選勞工局局長，藍綠做不到，他做到，很多地方柯P畫了一些停車格，柯P還做了什麼？

柯P有執政的資源，運籌帷幄刻意創造弱勢形象，所謂弱勢形象就是他在藍綠夾殺

福岡市河景。

間，要把房子拿去貸款二三千萬來選舉，每天坐公車，有意無意創造吳音寧事件。吳音寧回擊提出市場改建省錢方案，打到柯市長痛點，柯P犯錯罵髒話，省錢招牌被打空。

吳音寧曾前往日本福岡參訪，我們全家二〇一八年也到福岡一遊，我在博多城河上空，拍到不少老鷹及小鷹。

小英鷹立場明確

姚文智發青年租屋券，大家收到錢都會爽，不管你發老人錢、青年錢，或是生孩子的錢，發三千、五千、一萬二給某些人，收到的人都會爽，這真的不是好的政見，執政者若要發錢給納稅人，就直接減免他們的稅賦。

柯P說，發錢很容易，要把這些錢變成有利某些弱勢族群的實質生活環境，這比較難。出租性的健康宅，這很是亮點，他讓很多外地來的或本地的，暫時買不起房子，但有能力工作的人，有個便宜可租的房子。

收入如果拉不起來，要讓低收入者的花費變低，比方說手機的費用很貴，打電話、手機、iPad、iPhone、電腦，一個月花年青人兩三千塊相關花費，平均下來可能還不止。我並不是要遏制商人的利益，提出一個公民手機的概念，是不是中央政府或台北市開始，讓一個年紀以上的公民，能夠享有一台像樣的、安全的，不會傷害視力的公民手機，甚至可以用這個手機，作政府施政的意見調查。初期以「全民皆是政戰兵」為試辦對象。

民主的實施，如果涉及情緒性的族群對立，中國狗、高級的外省人，這些民主對話中的語言暴力，民主不要也罷。民主只會把納稅人錢發回去，我們不要也罷，民主只會講每一個人的民權，過度的保障隱私，過度的保障個人權利，這種民主不要也罷。

民主是透過你跟我不斷的理性社會對話，大家得到一個結論，有個對大多數公眾利益有利的機制去實施它，也許損傷某些人的隱私，也許損傷了某些人的利益，我認為某些政治領袖，沒有深入對話，過度強調民主是有問題的，要強調真正的對話與民主。

民主要被強調，但是民主的過程，正如同蔡英文總統所講的，我們是一個最會溝通的政府，也就是民主的過程，民主的品質是透過溝通產生的，不是用喊出來的，不是用發錢發出來的，大家要不斷的對話，以確定方向。蔡英文路線要能落實在執行面，而不只是會溝通的政府，小英鷹路線企圖鞏固小英本來的中間票。

選戰各憑本事

高雄選舉的後選人陳其邁，其父親陳哲男是早期扁系的人，菊姐新潮流放出位置，讓陳其邁來接這個盤。韓國瑜很靈巧、講話也很有料，雖然我很喜歡段宜康，不過韓國瑜攻擊段宜康說，是什麼樣的社會家庭跟文化培養了這隻政治怪獸，韓國瑜很會用語用詞，社會心理學觀察一位政治人物，看到其原生家庭及其處在的社會文化。韓國瑜形容小段為政治怪獸，這很會用語，他用語言去電陳其邁的路線、電民進黨，當綠營說他連高雄的路名都不熟，他說，「我又不是出來選郵政局長。」

國民黨內的溝通結構不容易看清楚，有幾個山頭，沒有派系，這次市議員提名，馬系很強，硬壓一些人下來。馬系高層的影響力還大。

我選擇人較少的路，但比較自我實現，比較愛人，比較能燃起熱情，但必須面對質疑及挑戰，請各位支持。

需要改變的時代

我很希望丁守中不要當台北市市長，他雖然蠻優秀，國民黨要徹底的改變，如果有機會變成沒有黑金的台灣國民黨，我會再度支持國民黨。台灣的主體性是一切的基礎，如果要向中國大陸投降，誰不會？

診療椅上的政治

推薦一本書叫做《診療椅上的政治》，寫這本書的人是一位心理治療師，我做過創投、房地產、勤業眾信會計師事務所的財務策略顧問、科技公司財務長等，現在對這個社會、人的心理很有興趣，攻讀心理諮商。

本書不是講心理師之間的政治，而是把政治當病人看，就是說社會生病，我們如何選一位「醫生」來治我們社會的病。

這本書寫政治人物過去成長過程，跟他的政治性格，還有我們每一位公民要覺醒，就是你今天投票，或者在投票之前，你跟周遭的人，或在網路的人談政治，其實你對政治現象就做了介入，你就影響了政治。

政治跟我們的實際利益是息息相關的，政治對話的過程，就像心理治療師跟病人談

福岡市河景。

話一樣，我們看到社會的能量卡點，社會要成長，不只是經濟更好，人格要確立，主體性很重要。

郭董說，「民主不能當飯吃。」我們要有飯吃，飯也不能吃太多，身體要健康，要多運動，社會要流動，不同階層，社會的男女，性別的衝突，社會階級的衝突，有錢人跟沒錢人之間的生活差異，種種社會現象，我們把它當作一個現象，卡在哪裡？然後我們請政治人物幫我們把那個卡住的地方解套，才是上上之策。

第十六集　姚姚，愛妳喔

二〇一八年十一月二十四日前五個月，姚人多陸委會副主委寫紙條給姚文智，裡面講一個重點：「反省自己不要責怪別人，別人不挺你，最該反省自己。」

民進黨打假球

有人說台北市市長選舉，小英總統領導民進黨打假球？不可能。

小英不會直接給訊息去打真球，因為他要維持總統的格局及高度。不管藍軍綠軍，批評對手選票考量，這很可笑，民選政治人物最主要的考量就是選票，不然如何在選舉中生存？當然不能只有選票考量。基進黨批判民進黨喪失理想，其實都一樣，每一位後選人都站在自己的社會位置上爭取選票，在野小黨只能談理想，也是為了選票。後選人除了走出自己的路之外，不外就是「攻」及「防」，在野小黨只能攻擊同類大黨缺乏理想，小黨集中利基市場，大黨以大政策作區隔，利基市場常常有偏

左或偏右的極端，或世代取向的極端，或者因為沒有資源，只能訴諸理想性的批判。

選票考量是應該的，但不能騙選票，也不能淺薄，候選人本身及媒體，要洞察選票考量是否真的符合選民利益，或者他所宣稱的選民利益是否屬實，媒體在報導的時候要抽絲剝繭告訴選民，請選民們思考，要深入淺出及真實。

有人批評小英不夠親民，我也覺得她的確不夠親民，最近抱著搜救犬輕鬆照像很親民，多年前介紹家貓蔡想想也很親民，姚委員很慘，抱貓動作錯誤被網友修理，親不親民和候選人特質以及媒體披露訊息的方式有關。

二〇二〇總統選舉的時候，蔡總統會變得很親民，同時很果決，因為蔡總統被批評的論點，已經被清楚歸納整理出來了。二〇一六至二〇一八年，蔡總統位置坐了沒有穩，正如同李登輝前總統由副總統剛上任總統時，非主流綁架他，他要宣布國統綱領，你看他那時唯唯諾諾，好像沒有作為。

李前總統批判蔡英文總統無作為，不是無作為，是位子還沒有坐穩，二〇一八帶領民進黨，選仗打得漂亮小輸，總統連任過程，把改革講清楚，改革的對立面不是反改革，對立面是「非改革」，促轉會副主委事件，已提早引爆二〇二〇的競選主軸。

我姐家養的狗往生了。這隻溫暖、睿智、母性的狗，不僅有人母的性格，也有神性，有本真的愛。她多年前曾陪我把妹，有時靜靜地看我女兒表演，默默看護我姐姐一家人十多年。妙得是，她不是買來的，是我姐一家出遊時看到她在公路上流浪，車停下來，她就跳上來了，我們愛DoDo，在天堂繼續妳黃金閃亮的愛。剛來我們家的 DoDo 是隻小女生，圓嘟可愛，轉眼 10 多年了，阿嬤作久了，也要交班了。法法長大上大學快畢業了，爸爸媽媽各有安定，阿森舅等著要照顧 DoDo 幾天，心領了，感謝您們一家，天堂再相聚，不要罵人哦，有情緒時表達悲傷，對事不對人，覺得別人對不起我們，也不要罵人哦，道歉真誠即時，上帝讓我來你們家，是因為「愛」，時候到了，我帶著「愛」離去。林林總總，人生清清蔡蔡，珍惜相護照顧的「幸苦」，有苦才有甘，才有樂，才有甘美，Say Hi to A-Ma for me, your always DoDo。

社會對話的立場要透明

政論人士的立場無須中立要透明，很多媒體人包含政治人物，立場不透明，統獨立場要透明，社會福利立場要透明，稅收政策立場要透明，軍公教年改立場要透明，同婚議題立場要透明，死刑存廢立場要透明，經濟發展論述立場要透明，文化政策立場要透明，居住正義立場要透明，管中閔事件立場要透明，存異求同，對話前進，民進黨跟小英一起前進，新潮流跟著正國會一起前進。宋楚瑜說，「認同台灣，不認同台獨。」親民黨、新黨以及國民黨之間的統獨光譜差異就明確了，立場可以細化，但要透明。

對話有時候看起來很像鬥爭，那是為了戲劇效果，民主社會就是派系之間不斷地對話，派系不只是政治派系，文化、教育、社經地位、年齡、性別以及職業產業，都可以成為派系，或者我稱之為「利益單元」，公開對話、私下對話都可以，有些事情真的沒辦法公開，要私下對話，私下對話不一定違反公眾利益。所謂透明化，是最後要透明，很多事情在不適合透明的時候，要私下對話提出解決辦法，太早公開會七嘴八舌，內心話無法細談。

有些事情，要私下分別喬一下，公開談，大家不放便把內心話講清楚，政治人物對外不可能太強調自己個人及派系的利益，因此私下談一談有必要，公民要允許合情合理合法的政治人物私下喬事。

利益不只是錢，利益包含名聲、權利，還有理念派系，有權要有責，有權力幫你選舉的人，後來就要一起負責選舉成敗，民進黨有很多選舉大將，要統合起來。

候選人本身的形象，就是選舉市場上的產品形象，產品特質決定了很多市場反應。賴清德說親中愛台，沒人懷疑他對台灣的忠誠，但賴清德的親中愛台跟柯P的兩岸一家親有什麼差別？差別真的不大，憑良心講，柯P為了辦世大運，講了兩岸一家親，柯P不應該為這個兩岸一家親道歉，那是錯的戰略，他要找李登輝罵他一下，然後說以後不要講，柯P就過關了。

你去查查李登輝以前有沒有講過兩岸一家親的話？很多。他以前還通過國統綱領，時勢所逼，柯P為了辦世大運講一下，只是你惹毛民進黨的基本教義派，或是扁系正在統整反「英新」，本來就要鬥爭小英的路線，柯P講這種話？柯P辦完世大運，沒有認真去收尾，而且回批民進黨中央，演變成後來局勢。

我在二〇一八年九月二十四日晚上十一點〇九分預估，台北市十一月二十四日開票結果，柯丁姚會是四十：三十四：二十五：一，最後那百分之一，是柯丁姚以外的那兩位。我在選前剛好兩個月時預測，柯以四成左右當選，丁守中以三成多落居第二，姚文

智委員以將近二成多左右屈居第三。

選戰就像運動員之間的競爭，君子比武，揖讓而升，下而飲，我們儒家講君子之爭，不要出賤招，大家光明磊落，好好打場選戰，不要辜負選民以及閱聽大眾的期待。柯P涉及器官買賣以及接受性招待，是標準的賤招。

柯P的救兵是中國共產黨，柯P是中國共產黨培養的對口人物，不要小看柯P，也不要小看中國共產黨，時代力量的言論，超像共青團，共青團都不是省油的燈，不要隨便去罵他，這樣搶不到中間年輕票。

台灣共青團的實力，在許信良以及朱高正的時代便已墊定，中國現在這麼強，台北市民討厭國民黨的，遠多於討厭共產黨的，深綠討厭共產黨，其餘有四成不討厭中共，柯P要中間票，不會輕易和中國對立，而且會呼應蔡總統的「絕不走回對抗的老路」，為什麼？因為有票，因為中間票不想和中國對抗，幹嘛對抗？

姚人多在遞給姚文智的手稿上說，靠黨紀當選不是光彩的事，市長參選人是老大，老大要有老大的樣子，「多多」出手後的姚委員新照片，由霸氣轉為謙和睿智，很謙卑、很和善、很睿智，選民不要看那種霸氣的候選人，要吸引年輕人的目光，用「愛你／妳喔」作起手式是對的方向。

姚人多智多星沈穩戰將

姚人多是小英的愛將，也許未來會當上陸委會主委或國安會秘書長。我個人觀察，選戰中的政策不要太多，三樣很具體的，等知名度跟好感度起來之後，再打政策，政策不要太早打，太早打政策不是好事。

姚人多是不簡單的人，而且低調，最近蔡英文總統把他推上台面，蔡總統非常謹慎。姚人多曾經發表文章攻擊陳文茜和李濤，有功於蔡英文政權，他是所謂文膽，不僅是文膽，他是清大社會科學院的重要學者，他的研究專長，是我個人非常敬佩的一位後現代大師：法國的思想家傅柯。

傅柯在講什麼？傅柯在講知識的權利，權利指法律賦予人民的私權，權力是政治力，以確保權利。今天我寫這本書提供您閱讀，是一種知識傳遞，相關人之間的商業溝通以及其所投射政治立場，充滿權利的角力。

姚教授在清大教書，傳授知識，在媒體上宣導訊息，人與人互相對話，中央研究院的位置及其研究發表，後面的權利與發言權，誰有權？誰沒有權？寫什麼？講什麼？網路改變了什麼？網路的假新聞改變了什麼？假新聞的判準何在？由誰來評判它是假的？如果政府有權評判新聞是假的，那還有誰敢批評政府？

姚人多是蔡英文總統的「金溥聰」，蔡總統不會只有一位金溥聰，姚人多主導兩岸論述、大陸政策以及國安。馬英九用金溥聰出使美國，蔡英文總統用姚人多主導陸委會，因為蔡英文比較弱的是兩岸關係，馬英九比較擔心的是美國關係，所以馬英九派金溥聰過去，美國政界喜出望外，我認為大陸也要高興，蔡英文總統派姚人多這位親信來跟大陸對談，姚人多是外省人，父親是浙江來台灣的老兵。

台北市一位國民黨籍的市議員問柯P，「你覺得兩岸關係是好比較好，還是不好比較好？」柯P回答，「當然是好比較好。」這個問題明顯在幫柯P作球，讓柯P和小英區隔，因為藍軍普遍認為蔡小英破壞了馬小九建立良好的兩岸關係，這句話為柯P的兩岸一家親論述解套。

兩岸關係現在的確不好，這不是蔡英文總統的錯，主因是中國不放棄武力統一台灣，不斷地文攻武嚇台灣，就像住在隔壁的哥哥一直說要來我家強姦妹妹，一牆相隔的兩家人，關係怎麼會好？

清大社會科學院很重要，台大政治系都是藍軍的人，丁守中、連戰、錕P這些，當然也出了一位辜寬敏，你去台大政治系網站去看，那些藍中之藍，我讀過台大政治系一位學者寫到一九九六年的台海危機，他的立場明顯深藍親中。清大社科院是蔡英文政府的重要智囊庫，人文學術不可能政治中立，這是傅柯的思想，但要有利全民，政治不一定是選舉，廣泛的政治就是一切有關權利的運作。

自然科學之中，也有政治，你看實證報告後面的假設，實驗的方法，實驗的數據，實驗的限制，都有權力在操控，美國豬及牛要賣給台灣，提出了很多實證報告表示吃下肚沒問題，其實背後有美國畜牧業的利益，商人出錢影響政治，政客提出學術實證支持權利運作，知識運作的權利是很重要的概念，這是傅柯的思想，也是姚教授的研究重點。

阿扁有一位馬永成，李登輝有一位蘇志誠，陳菊負責最高領導與黨政軍的協調，陳菊對蔡總統的重要性，絕對不亞於金溥聰對馬前總統的位階，陳菊代表整個新潮流派系裡面的重點。賴清德、陳菊、鄭文燦已各成新潮流中的一流，南流主、中央主以及北流主態式已成，新潮流和蔡英文合體，正國會統整扁系、喜樂島以及其他連合抗拮。

蔡總統不容易信任他人，出身富家千金，教養成高學歷的社會菁英，媽媽不是大房，小心翼翼地看這個世界，好好保護父母的財產，珍惜自己既有的成就及形象，李登輝打下的這片民主江山，很像父親留下的珍惜，父女之間偶有齟齬，也沒有真的翻臉，競合競合。

觀察小英的性格，數年前曾經很在乎工商大老說她爛蘋果，她當面質疑他，為什麼

珈恩，我喜歡看著妳長大，我會陪著妳，讓妳能夠試探疆域，找出界線所在，妳可以為自己著想，可以感受自己，喜歡妳生命的活力，想去了解男孩和女孩的差別，是很自然及健康的。我們會替你設下界線，讓妳好好長大，能為自己設下界線，知道自己是誰，妳說長大後要生三個孩子，要媽媽幫妳帶，如果我和妳媽都健康，我們會認真地幫妳帶孩子，作個好阿公以及阿媽，但妳要長成健康，找個好男生，成為幸福的人，老爸。

這麼說？蔡英文以及賴清德在二〇一八年十一月二十四日之後，這兩位檯面上的大領袖，會由神秘轉化為親民，蔣經國還沒有浮上檯面的時候也很神秘，成為真正的領袖時開始親民。

戰略關係中的競合

中國在台中拉掉台灣主辦東亞青奧的權利，這反映出中國除了向台灣買農產品、買虱目魚、發身份證給台人、文攻武嚇、軍機軍艦繞台以外，還有一招，就是看準了台灣人想要參與國際事務的集體動力，利用藍營的人授權，綠營的人上台，就把權力拉掉。胡自強、郝龍斌被利用了，給你一些國際參與的機會，包含馬英九參加世界衛生組織，這是中國影響台灣的一個明確方式，就是讓你風風光光的參與國際組織，當不對的人主政時，像林佳龍是民進黨的，他就將權利拿掉，蔡英文當上總統，就讓你不能參加世界衛生組織，這在協助柯P兩岸一家親有下台階，以及參選二〇二〇總統。

中國共產黨在幫柯P做球。李登輝是我心中的台灣國父，怎麼可能會被柯P利用，他永遠站在制高點，當你打不敗你的敵人的時候，就建築一道橋梁，跟他對話，選民最大，黨紀其次，黨紀是靠選民支撐出來的。

第十七集　小英外交出訪

二〇一八年八月，蔡英文出訪邦交國巴拉圭，巴拉圭是我們少數幾個有邦交的國家中，面積最大的。

全世界有一百六十幾個國家，我們有十七個邦交國，總統出訪，外交部全體人員努力維繫著邦交國。有趣的是，國際外交對我們最重要的是沒有邦交的美國、中國、日本、歐盟以及英國等等。

川普和中國正式交鋒，台灣地位更顯突出。我們不要自我膨脹，蔡總統過境美國也不是多高規格對待，美國正式通過國防授權法以及台灣旅行法，最近美國國會正在通過有利台灣的台北法案，保護台灣不被中國強斷邦交國。

台灣跟美國的外交關係越來越正式化，但美國不希望一下子把台灣拉高太多格局，不利美中交戰的現況。這次我們去美國有些突破，不過基本上還是跟州級的政府互動。

美台國民兵曾經一起演訓，我們不僅是美國的盟邦，更像其國內的一個華人州。公投台灣成為美國的一州，可成為台灣主體性確立的戰略之一。

八十五度C及台商困境

比較有趣的是，前陣子總統到洛杉磯八十五度C備受批判，八十五度C還公開宣布支持九二共識，兩岸一家親。在中國經營事業到一定程度的企業，或想去中國發展的商人，或中產階級去那邊工作，要組織起來聯合溝通。陸委會及兩岸負責交流的單位，不要讓台商左右為難，這樣互相民粹式謾罵，對台商不利，對台灣不利，對兩岸關係也不利。把在中國的台灣人聯合起來，選出代表在台灣定期開會，把界線說清楚。同理，沒有必要讓藝人在中國做個表演，台灣人就亂罵他。如果不該交流就不要交流，這種民粹式、對立式、煽情式的對話沒有意義。

八十五度C在中國有不少事業，你讓單一企業八十五度C去跟中國做一種節制性的對話，他不敢的。我們不要去對抗，而是幫台商發展和賺錢，政府該做的事要多做，不要讓中小企業在大陸左右為難，台商回台又被標籤為紅色企業。

以色列的商人團結一致，在全世界，沒有人敢欺負他們。台灣在國際戰略、軍事、科技以及商業聯盟，應該要快速以色列化。

兩岸議題、外交議題、國防議題、教育議題、媒體以及文化、經濟議題、社會福利問題要統籌在一個國家戰略之下，就是「翻轉三不、經濟正義以及文化對話」。如果你是台灣中華民國人，政府就要把我們的利益圈為一致，不能模擬兩可。如果在中國的台灣人那麼愛中國，就請他們入籍中國放棄台灣中華民國籍。

台商可以支持兩岸一家親，強制參加由台灣主導的在中國台灣人聯會，要有明確的法律規範，鞏固台灣的主權以及國家利益，這是很清楚的。台灣人是明理的，大家討論清楚之後就可以立法，現在的立委人數，沒有辦法做正名公投，可以把國安法訂定清楚，這樣台商在大陸的地位才更鞏固，媒體不要亂罵，要支持台商、鼓勵政府、督促政府做對的事。

蔡英文政府參加邦交國巴拉圭總統就職時，台灣人同感驕傲，我們選出來的總統可以去參加別人選出來的總統就職，我們國家要至少做到這個程度。

不要跟中國硬幹，不該退的就寸步不讓。蔡英文總統讓賴清德院長去扮演強硬的角色，扮黑臉。強大的中國，但其民主法治還沒有上軌道，對全世界是不利的。

我在大陸曾經被問過如何攻打台灣，我說，「兩岸莫重蹈兄弟相殺歷史悲劇。」

真誠的直白

柯P的強項就是很「直白」，但柯P沒有真的做出什麼事情，柯P只是講出藍綠政治人物不敢講的話，讓人家覺得真。不管是五大弊案，很多事情，前後套不出來什麼東西，柯P第一次選舉時，說有人竊聽他，後來呢？

選民要真正關心柯P的是有關他的施政，而不是打破藍綠的風格，打破藍綠只要是無黨候選人選上之後，都可以打破藍綠，像川普這種人，就沒有政黨背景的人選上之後，都可以打破藍綠，用嘴巴講。柯P凡事訴諸網路，可是網路民主常常民粹，是開民主的倒車。

二〇二〇台灣價值的論述不是用喊的，美國智庫說台灣不要用「大聲公」作外交，這是真的，台灣價值不能用「大聲公」來喊。我們民主對話要細細深談，不要喊叫。

第十八集　白目的力量

一九九四年趙少康、陳水扁、黃大洲那一次競選台北市市長，全民計程車跟中國派的計程車司機兩派打起來。這是一個失敗的社會對話，情緒對立暴力相向，如果沒有暴力，一定優質嗎？也不必然，有些對話淺薄，常常是太快地跳入價值評判，發生什麼都還搞不清楚，便失焦了。

白目的力量

台語「白目」，就是搞不清楚狀況、亂講話，柯P是這樣的人，居然成功了。川普也是這樣的人，現在看起來有聲有勢。菲律賓的杜特蒂，也是這樣，但他們真的白目嗎？

一位非傳統體制內的政治人物或是媒體人，如果你不是長期在政治圈或在媒體圈循序漸進，爬樓梯上來的人，要有一點白目，你才會紅。當你選上了有資源的時候，慢慢就要顯現出一個策略跟基本定位，就不能再那麼白目。

或者再白目下去是有策略定位的，像柯P是這樣做，柯P說吳音寧總經理反體制，其實柯P正是靠著反體制風格而當選的，像是網路票選勞工局局長以及海選競選人員，都不是傳統體制內的作法。

川普槓上媒體，柯媽媽也槓上媒體，杜特蒂在大庭廣眾下唱歌，獻給川普總統，這些都不是傳統體制主流作為。

鄭文燦市長也是這樣，當初他選舉的時候沒有人看好他，他很敢去同意藍軍裡面跟他投緣的，這些選民的要求合情合理合法，鄭文燦市長全力配合，適時制止綠營的不合理性，沒選上前這是白目，選上後是真誠，鄭文燦沒有敵人，「沒有敵人」以前是對王金平院長的評語，比如說「轉型正義不等於去蔣」，這出自於鄭文燦市長之口。

鄭文燦的去蔣不等於轉型正義，與蔣萬安的支持轉型正義，都是靠攏中間票的動作，中間票不是誰都可以靠攏的，要靠政治人物過去的一言一行慢慢累積，極左、極右、極獨、極統，在辯證中，以及市政服務裡面，鄭文燦市長走在越走越寬廣的道路上。

柯P沒有鄭文燦市長的政黨奧援，所以柯P走的會比較辛苦，大陸透過支持柯P，表達對台灣年輕人的支持，中國大陸不需要丁守中。既然中華人民共和國的政權，需要柯P的配合，柯P代表的是一種雖然本省人本土，可是樂意去走一個比較兩岸溫和的路

往國圖的路徑上，經過中正紀念堂，是個好天氣，看到人們在練習太極拳，集氣丹田，腳踏實地，手擺虛空，管它是「自由廣場」還是「集權廣場」，世間陰陽正反，總是在左拳、右推、辯証、過招中前進，我這兒一步一步，總要踩得當下與完整，呼吸感動。

線，這是中國大陸需要培養的台籍精英。

主體意識不能跟中國的利益對撞，要論述及實力搏鬥之後，讓中國發現台灣適度的獨立，不必然侵犯中國的利益，中國不同意我們任何形式的台獨，我們必須論述實踐更完整的觀點。

透析白目的力量，

白目的力量指的是什麼？

大家說真話，即便講的太快可能會傷人或傷己，我們就慢慢講，把它講完整一點，比如說柯媽媽說，媒體名嘴拿錢，媒體名嘴當然跳起來，可以講婉轉一點。

媒體名嘴真的拿錢，我相信大部分媒體人，拿錢是有選擇的，就像政治人物不隨便收取金錢，大家都是社會上有頭有臉的人，拿錢總有一個利益交換，媒體人在適合的情況之下收取費用做些公關，或是某些事情少講或多講，我觀察到媒體人拿錢是事實。

陽光法案通過很久了，政商間的清明，執行成效在那裡？政商不當勾結，媒體跟金權不當勾結，是台灣很重要的民主瑕疵，要怪罪整個文化，我稱它為「華儒政治」，大家不願意把核心的問題曝露出來，一直在表面的事項上，相互配合演演戲，把自己的位

置跟資源保護好就好。

共享經濟適合小資創業

柯P辦公室本來要租在共享空間「小樹屋」，小樹屋這種共享空間的概念，台灣應該大力推展，之前Uber共享運輸，小樹屋共享空間，連飯店辦公室、客廳沙發房間、廚房以及工具間等等，全世界先進國家都興起這種共享空間概念，這種創意非常重要。

表面上看起來影響經濟不大，事實上是讓社會的創新精神埋下了伏筆，因為創業最重要的就是空間、資本、人才交流、通路等等，你如果用法規綁死這種共享空間，或是Uber這種共享運輸，新創事業，尤其是小資本新創事業，在這個社會很難生存。

最近工總會長王文淵，提倡英語化運動，賴神呼應。

社會上每一個人都要照顧到，賺錢的人多繳稅，我們讓整體及各自向上提升，開放的左派不反對國際化，台灣不適合實施保護政策，台灣應該走上有開放精神的社會主義，丹麥、荷蘭、北歐、瑞士都有一點這種味道。

英語化運動必然要實施，可以帶動產業發展，最好跟美日合作，在台灣辦教育、辦學校，大量推廣英文，透過推廣英文，推廣經濟，讓台灣更開放、更國際化，工總意見很好，工總反對調高基本薪資，會得罪勞工，所以賴院長不從。

工總說，老闆給員工的股票，用面額課稅，這很不符合稅制精神，任何人有收入，不管是現金收入或是財產收入，要以市場的價格來認定，股票的價格上下波動很大，你不可能用面額來課，Ａ公司的股票可能是Ｂ公司的一百倍、五百倍、一千倍都可能，如果你兩家的股票都用面額課稅不合理，面額根本是單位的計算，不是價值的計算，工總怎麼會有這種言論？

大部分員工是分不到股票的，工總有沒有什麼想法？讓大部分的公司都有機會讓員工分到股票，老闆也來做員工，員工也慢慢做老闆，大家利益就會趨於一致。工總提了很多概念，包含ＰＭ２・５的最大的污染來源是中國大陸以及汽機車排放的廢氣，我們要抓緊重點來做，汽機車快速變成電動車，帶動產業，每次踩到既得利益就不敢推。電動機車是台灣的機會以及強項，電動汽車的零件也是。

政府要多聽聽工總、美商聯會的建議，台灣各大工商團體要擴大產業自治，除了發展產業聚落，可以擴張到稅法裡面，不要對不賺錢的公司課稅，但不會賺錢的公司不該讓它存在，把整個產業聯盟集體化，推行產業銀行，金融業要改革，台灣那麼小，那麼多金控幹嘛？土地銀行可以釋股給全國包含員工的營造建築業聯盟，科技半導體網通業

聯盟，也應該有自己的銀行。工會不一定是工人的工，老闆跟工人可以一起組成一個產業鏈，每個產業聯盟有自己照顧勞工的能力及政策。

前瞻與都更

危老重建是蔡英文的政績，都更講很久了，沒有人敢去得罪任何一位都更反對戶。危老重建就是房子如果夠老，你不一定要像都更那麼大的面積，可以有部分的獎勵來改建，但這有個期程，只有這兩三年而已，動作太慢拿不到獎勵，這兩年應該會有蠻多成功案例。

前瞻計畫，是蔡英文的建設。軌道運輸沒什麼好攻擊的，你若有機會去新竹，新竹高鐵接一些輕軌出去，輕軌是有意義的，所有正確的交通建設，長期來看到都有意義，要小心不要去蓋體育館、文化館，流為蚊子館。

大型體育設施不用很多，社區裡面優質的體育設施可以多一點，捷運地下空間可以結合市民運動，真正的體育設施要落實在社區裡面，大型的體育館場是為了辦活動。

白目的力量曾經主導台灣二〇一四至二〇一八的政壇風雲，二〇二〇即使柯P選總統，小英仍然必勝，中華人民共和國政權想要吞併台灣的主權，除了武力統一之外，經濟、外交以及國際的影響力，操弄台灣的選民認同，中美貿易大戰的發展，將決定二〇二〇年總統選舉時的氛圍，二〇一八年十一月六日美國期中大選，友台人士順利連任，可以看到共和民主兩黨的中國政策是一致的。

聽話給糖吃

中國會不斷給台灣甜頭，若我們不聽話，他就把它拿走，只要國民黨執政，例如胡志強台中執政，他就給你，郝龍斌執政也給你，然後續任是柯Ｐ，他觀察你言行也ＯＫ，就給你，或給一半，然後他覺得有用。可是你這個林佳龍，不像我想挺的人，我就拿掉。

台灣的治本之道，就是和中美日各國之間，掌握關係中的動力及界限，不該拿的就不要拿，沒有實力拿到東西，中國硬給我們，我們也不要拿，遙遠的未來當然可以統合，台灣人民希望是以一個平等的地位來和中國交流，很多人會論述，不要跟中國對立，我們並沒有想要損害中國的利益，台灣成為一個主權獨立的政治實體，可以有利中國，台灣處於模糊不清的被統一狀態，不利中國。

先獨立再統一和先統一再獨立是同一件事，統獨要透過公投或任何民主程序來完成，一個中國就是中華人民共和國，台灣是台灣，在台灣的中華民國名不符實，中國跟台灣

是特殊的兄弟之邦，所有民主程序補件齊全。

美軍駐台是公投正名的前提，美國近年生意人掌權，我們邀請美國賭場來台灣離島建設及運營，部份稅收回饋駐台美軍、美中貿易戰打下去，中國一定會全面屈服，得了面子失了裡子，所謂新秩序是川普主導的新秩序，不是習主席，川普會跟俄羅斯合作，美中合約會重蹈中蘇友好同盟條約的路線，讓台灣繼外蒙成為中俄緩衝之後，成為中美之間的緩衝，蒙古共和國說英語，台灣中英文併行。

我們華人，台灣跟大陸都是，不要逞強跟美國硬幹，兩岸和平相處，讓台灣有一個獨立的空間，成為兄弟之邦，這是我個人的祈願。

第十九集　柯Ｐ組黨

柯Ｐ要組黨嗎？中山大同區的市議員梁文傑博士在電視上說：「郭正亮委員說，柯Ｐ要組黨。」

讓別人來講你的風向球

柯Ｐ要組黨，我的耳朵豎了起來，加上彰化縣縣長參選人，無黨籍黃文玲律師在ＬＩＮＥ上面號召支持柯Ｐ的人去彰化跟她合作，柯媽媽曾經替黃文玲站台。由此看來，全省都有柯粉火熱支持，柯Ｐ到底會不會組黨？

柯Ｐ自己不會說要組黨，也不會說要選總統，會默許旁邊的人去拱他選總統及拱他組黨，讓跟隨者發現他已經立於不敗，支持柯文哲，就是支持未來的總統，這樣選民才會熱情。

如果柯文哲只再做一屆市長，或市長沒選上要回去當醫生，選民不會有熱情。柯Ｐ很聰明，什麼時候說什麼話很清楚，當還不想跟民進黨正面交鋒的時候，他就說選不上回台東做醫生。

現在他的聲勢起來，唯一要小心的是，不要跟蔡英文總統對幹，然後好好顧住四十歲以下的年輕票及淺藍淺綠的票。這場選舉柯Ｐ主軸有拉出來。

柯Ｐ當選？選民已經厭惡藍綠不透明的作風，選民喜歡台灣出個菲律賓的杜特蒂，或出個美國川普，台北市選民希望政治來點新的。

台北市的市政出不了什麼大亂子，柯Ｐ在台北市是容易受歡迎的，因為他的確讓選民有耳目一新的氣象。不管是四十歲以下，甚至有些中老年人是淺藍或淺綠，認為柯Ｐ有一些論述是合理的。

柯Ｐ組黨源由

柯Ｐ組黨有位關鍵的人物，已過逝的蔣渭水先生，日治時代宜蘭人，國民黨政府還沒有來台灣之前的台灣民主鬥士，他是台大醫學院前身，日治時代醫療訓練所畢業的，因為蔣渭水小時候在宜蘭受過漢文的私塾教育，啟發他華人民族主義。蔣渭水這位左派社會運動者，曾經創立台灣民眾黨。

中華文化在台灣不需要斷掉，無須創立一個跟中華文化無關的台灣文化。我這個路線跟基進黨很不一樣，雖然我很喜歡基進黨的左派路線，在文化論述上我欣賞蔣渭水的論述。

郭正亮告訴梁文傑，梁文傑告訴坐在電視機前面的蔡森然說，柯P要組一個台灣民眾黨，因為台灣民眾黨的創始人蔣渭水是一位醫生，而且他過去的言論跟柯P想要抓緊的言論路線很像。

柯P不用繞那麼大的彎，柯P就直接挺中國共產黨好了，建議柯P組一個黨叫做「新時代台灣黨」，為什麼叫「新時代」，因為習近平成為習皇帝之後，他的黨綱裡面叫做新時代有中國特色的社會主義，

柯P路線如果有益台灣，就學蔡英文和中國共產黨不要走回對抗的老路，你不僅不要走回對抗的老路，還要伸出友誼雙手，展開親中愛台的動作，不斷的講兩岸一家親，同時你要強調這是文化經濟戰略。

柯P想要抓這一塊，然後跟中國共產黨聯合在一起，很多左派人士主張台獨，但是不反對中國共產黨的左派路線，左派路線在早期跟國民黨鬥爭的時候，是比較有理想的，

是比較能夠幫助弱勢的，中國國民黨從大陸來到台灣的時候，有很多的知識分子，不一定是國民黨籍，這些知識分子受到共產黨打敗國民黨的啟發，說出要把台灣建設為三民主義模範省的口號，基本上就是左派路線。孫中山先生是左派，蔣經國留學蘇俄的時候也是左派，二二八事件的謝雪紅女士是左派英雄，中國共產黨基本上肯定謝雪紅發起愛國運動。

建議柯文哲的黨綱第一條，就完完全全地肯定一個中國，就是中華人民共和國，有機會脅迫蔡英文跟你合作。無論是台灣民眾黨，或者新時代台灣黨，要落實一個新時代，有台灣特色的社會主義路線，台灣跟中國是特殊的兄弟之邦，特殊的國與國是李登輝講的，蔡英文不敢反對，台灣很多人也覺得這是很好的路線。

最近曹長青在電視上大加批判左派，他批判得很有理，因為美國媒體全部都是左派，大舉批判川普，因為川普是大右派，我非常支持川普的台灣政策和印太政策，以及他的經濟措施，川普挑起了左右的對立與拉扯。

候選人各出奇招

小英的台灣價值以及改革牌是二〇二〇選舉的主軸，柯P可能是蔡英文的競爭對手，也可能是蔡英文最重要的合作夥伴，二〇二〇總統選舉以前，台灣最重要的兩位政治人物互動，就是柯文哲跟蔡英文之間的互動。

柯P創黨的八卦，有位關鍵的人物叫梁文傑，是新潮流體系的，他跟鄭文燦是哥們，鄭文燦也是我的大哥，我可以加入民進黨是鄭文燦的推薦。鄭文燦跟梁文傑兩位被媒體說上酒店什麼的，這根本都不是重點。在澳門的酒店就是飯店，政治人物如果上台北的酒店，要查查是否為非法營業場所，如果是合法的營業場所，就不要管他。

如果外遇或家暴，這不僅是私德問題，這是人格的問題。那麼我要說梁文傑前陣子在性專區政策，採取保守路線，照理說他應該用這個機會，和童仲彥和一些女權運動者、妓權運動者，做一個公聽會，要不要設性專區？

我覺得性專區是健康的性交易，須要充分的討論。有些人養小三，這是不是性交易？當然是。窮人有性需求，為什麼不能給他一個健康安全的保障？我有一些朋友做那些身心障礙者的性輔導，很需要合法的性服務，台灣根本沒有這個空間。

梁文傑跟段宜康、范雲都是外省人，綠營外省人激烈地主張台獨，本省人郭正亮曾經主張凍結台獨黨綱。國民黨的本土派只有本省人，國民黨根本沒有本土派，只有本省利益派，外省人以及黃復興在國民黨內，願意讓本省人出頭，就是要利益合作，然後你

就是我所定義的本土派。

很多人說高嘉瑜想要參選二〇二〇立委，可是他卻挺柯P，這是什麼樣的民進黨立委候選人？這很有趣。林昶佐委員最近替柯P講話，民進黨下一次不可能再禮讓他，民進黨在中正萬華有誰可以跟林昶佐及／或林郁芳抗衡？

主體意識的覺醒

台北市的選民，本省外省社群長期合作，講到二二八的時候，對立性不會那麼高，有些本省人，很氣蔣介石政權或是黨國體制的壓迫，但省籍間的文化及利益交流一直非常密切。我爸說二二八以前台灣人稱外省人為故鄉來的人，二二八之後，就稱他們為外省人了。我自己的大姊嫁給美國人，二姊嫁湖北人，三姊嫁彰化人，我自己娶原住民混血將軍的女兒，雖然我父母都是正港的台灣人，土生土長的台北市文山區景美區以及新店地區的人，但是我們跟外省跟國外通婚、通學、做生意，交流及合作完整。

台北的主體意識，跟中南部的主體意識風格不太一樣，麻煩體諒台北市的民進黨政治人物，真的沒辦法去主張多麼激烈的本土意識，也就是可以主張台獨，可是台獨主張到最後就像賴清德的務實台獨了。

我敬愛的岳父，小珈恩的公公，感謝您付出無限的愛給了小珈恩、秋婷、秋娉及媽媽，我的岳母；依然記得，你和小珈恩在慈恩眷村那棵大榕樹旁，陪著小珈恩玩耍，依然記得，您溫厚的聲音叫著「小阿妹」；小珈恩說，現在沒有公公可以欺負了，她要欺負我，叫我一起和她收玩具，和你以前一樣，其實都是我在收，她說前幾天你來夢裡帶她去溜直排輪，又帶她去溜冰；剛才和她在吹 Bubble 時，她說 Bubble 飛去天使的家找公公了，她說 Bubble 很漂亮，有紫紅色的和藍色的，飛機正巧飛過，引擎聲劃破天際，漸逝漸遠，Bubble 們也消失在白雲藍天的背景中了，向瀟灑走一回敬禮！於您作天使百日後。

你觀察陳水扁復出後的實力集結，他的舊朝人馬，包含柯建銘還是忠於陳水扁過去相互提拔的恩情。阿扁建國有功，雖然拿了不少錢，一些基本教義派認為阿扁拿這些錢，可以想辦法赦免掉，但是我們無法對全民交代。

蔡英文總統在就任民進黨主席的一次重大會議中，告訴民進黨人說，不能講阿扁無罪，不能講特赦阿扁，挺扁人士很不爽，挺阿扁反小英的路線，或者是反新潮流，顧自己的路線，已經集結分合進擊。民進黨生態，兩股主要勢力抗衡，為什麼有人放話賴清德取代蔡英文？分化賴蔡之間的合作？

郭正亮是不分區立委，曾經主張凍結台獨黨綱，姚人多也寫過〈台獨沒有市場〉的文章，民進黨內已有鴿派、鷹派之分，也有凍結台獨黨綱之論。

什麼叫淺藍　什麼叫淺綠

淺綠不願意同意九二共識，淺藍有條件同意九二共識，淺綠可以接受美軍駐台，淺藍認為要避免戰爭，淺藍認為公投台灣是美國的一州很愚蠢，淺綠認為公投台灣是美國的一州，是邁向台灣主體性的一個戰略期。

淺綠認為全民公投正名制憲，是很好的方向，淺藍認為要避免戰爭，要看看老美的臉色，這就是淺藍跟淺綠的差別，國民黨跟民進黨的基本盤都不會跑掉，那淺藍淺綠的票要怎麼搶？

三不政策要改變

跨太平洋夥伴全面進展協定（太平洋協定）對台灣很重要，兩岸成為特殊的兄弟之邦，可以太平洋協定為「原型」，它是泛太平洋地區一個新興的經濟組織，本來是美國主導，現在是日本與澳洲主導，中國跟美國在場外交鋒，場內先暖場，重新談判創造印太新秩序，英國發言有興趣加入，有重回亞洲的姿態，系統間與主體間，共同的動力與幸福為何？

馬英九認為，他的服貿跟貨貿沒有通過很委屈，服貿貨貿有單邊條約的內容，台灣會被矮化。台灣先於中國與美國加入太平洋協定，用柯P的戰略，在美中大戰以及秩序重新訂定期間施壓中國，不要亂叫牌，以色列化台灣靠向美國。

三不是什麼？不獨不統不武，三不政策要改成什麼？不畏武力，統一跟獨立透過公投或任何民主程序一次搞定，一位總統延續前一任總統的三不，什麼都不做，一隻飛不起來的大鳥，須要小鷹。「不武」不是台灣可以控制的，我們要不畏武力跟美國綁得緊緊的，全民共識慢慢全民皆兵，當兵不用那麼辛苦，一個三至六個月的政戰民兵訓練，不對稱戰爭首重心戰。退伍後每人一隻公民政戰手機，後現代政治作戰確保台灣的主體性。

統一就是全面交流，統一不是台灣成為中國的一部分。獨立就是堅持主體意識，統獨要加快，不要怕戰爭，不求戰，不畏戰，這是我對蔡英文政府的建議，也是對柯P的建議。

樹根被荒煙蔓草檔住，我的「根」在哪裡？

第二十集　川普模式與心理傳記

心理傳記學會是輔大已退休教授丁興祥老師所召集創立，我從二〇一五年起，接受了他，以及相關師生們的熏習。我很真誠地稱呼這些人為老師、同學、學長以及「學姐」。丁老師和我都住在萬隆站附近，潛意識常常安排我們巧遇，前幾天遇到他，他告訴我學會分享不對外，才不會擔心形象問題，才能產生自我探究的效果，就像心理治療的場域，如果對外公開，案主很難真實地觸碰到自己的內心。

我報名了這場心理傳記分享，當時尚未在北護辦理休學，六月時，決定休學，專心完成本書以及從事媒體政治對話。心理傳記學會打電話來，說我可以分享本書的企畫及草稿，我把分享過程中對話心得，溶入本書成為本集，人事物都不會具名描述，以尊重隱私，對話前，我已先取得參與者的同意錄音，它只提供我自己作參考，「知後同意」很重要。

一部電影放映結束時，導演指示剪輯師將製作過程中的一些片段，放在片尾，所謂

「花絮」，也很像作韓國料理的粥，最後那一點點精華湯頭。就是這第二十集。

有一位從香港坐飛機來台北的女生，因為仰慕丁老師在生命敘事領域的學術聲望，特地參與阿森的分享會，另有一位淡大教育諮商研究所以及賽斯的學長，和我同年齡，在分享會中，展開了令人省思的對話，另有一位博士生及碩士生等等。

生命敘事看我的書，會看到缺少自己的內心原生情結以及故事性不夠。比如說我對黨國體制的憤怒，可能是源自於我是受刑人／更生人之子，或者父親長年資助黨外人士的原生故事。

再者，一九九八年，我在美國達成了物質生活的理想，卻因為母親阻擋了我申請綠卡的可能，返台參與市議員初選的內心故事，這才是生命敘事要觀看的重點，至於政治或學術派系標籤要謹慎，否則幸福對話會變成了鬥爭對話。

我談政論，比較政商，我稱之為「川普模式」，就是新台幣最大，人民幣更大，其實是「美元」在掌控。我把出書、政論以及可能的從政，當作社會企業在經營，錢非萬能，沒錢萬萬不能，錢是愛的代幣，有錢能使鬼推磨，有錢可以支持管中閔成為台大校長，有錢可以阻止司法的改革，有錢可以參與高等教育搏得名聲，有錢可以讓孩子接受比較好的教育，有錢可以和全家一起出國旅遊，有錢可以孝敬父母，有錢可以出書。

某些左派學術反對金錢，這是錯誤的，大陸給你一些教學平台及金錢，各個都跑去中國發聲，朱高正老師便是明顯的例子。

我受到夏老師的影響，行動、對話、行動，實踐出學術，實踐出幸福，實踐出正義，「做」就是了，要做出效果，要安穩內心的核心動力，從核心出發。

核心動力是我的原生家庭：爸爸的熱情、叛逆與創業精神，媽媽對家庭（台灣）的愛，「佛法」是我經驗了原生成長，養成的的核心信念，也源自於我老爸給了我一個衣食無缺的成長環境，讓我可以享受在政大讀書，同時進修佛法，而且老爸還曾經替我開了一間道場，哈哈。

生命敘事在看人物傳記時，把這些「動力」稱為「根」，避免陷入「標籤」中產生鬥爭。主體是在關係中建立的，台灣的獨立是在美中台日的關係中建立的，主體不能跳脫「主體間」，一切都在系統脈絡情境中。

生命與生命對話，名嘴與名嘴對話，是不一樣的，生命對話重視「主體間性」，而非「主體性」，要深入至感受到爸爸、媽媽、爺爺、奶奶、太太與親子的關係，這才是幸福對話，才不會太鬥爭，令人痛苦。

我的根來自於三百年前從福建來台北的祖先們，我的未來在我太太以及兩個孩子，

人父必為人子。

太太的祖先來自中國、原住民以及彰化，我的生命故事，樹枝的根幹是什麼？怎麼長出這個？政論阿森，只是樹枝。原生家庭以及核心的信念，才是「根」。

談政治，不能離根，從核心的根出發，即是幸福對話。根在人際系統脈絡中，名嘴常常對空氣說話，會失了根。我在對全體台灣人說話，也在對看得懂華文的人說話，故事的主體以及對話的對象是誰？名嘴出席政論節目，一集若收了六千元，他／她對主持人、節目老闆、現場來賓以及閱聽大眾，提供了什麼價值？名嘴在發言時，若能掌握當下關係中的動力及界限，將其最大化，便能產生最大價值，主持人及節目的老闆是動力的核心，因為他們出錢，這是川普模式。

人們為了錢以及生存對話，這是動力的基礎。如果您去和一位里長大哥聊天，悶頭做事的人和您談故事，這切身相關的生活閒聊，和政論節目不一樣，我把它叫作「聊遇」，聊天遇到嗑瓜子，很丹麥式幸福。

淡大柯學務長跑去當立法委員，是很會對話的人，我們在對話中移動心理位置，思維不要漂浮到自己內心，要活在當下的情境脈絡中。

小鷹的幸福對話，有個重點是系統中的合作與主體間性，每位對話者，其根何在？對話的過程，很像在傳「心燈」，是否被點亮？自己看到自己的心燈是否被點亮了？還

小英點亮台灣的心燈！

是我們點亮了別人的心燈？

護持心燈，從核心出發，看到自己和他人的根性，是幸福對話。宮崎駿的霍爾移動城堡，太經典的故事，那個藍色的小燈，驅動了整個城堡移動，霍爾變了一堆魔法，燈很重要，門這樣一轉，就換一個世界了，一個空間變成一個轉來轉去的裡面，心燈。

「心燈」就是一個人從小經驗的原生社會環境，培育出來的核心信念，落實在生活中，所謂「信念創造實相」，心燈不能混亂漂浮，生活便當下踏實。

潛意識中，我們的心燈很難被看見以及點亮，當我們談話談到一半，要去一下廁所，或者一些身心不自主的動作，可能都是核心動力的混亂或漂浮，或潛意識的訊息。

自我實現就是真誠地點亮心燈，實踐內心的核心動力，參加選舉是很好的動力，點亮心燈以及釐清不同的動力：名利權情是非以及需求。

我今天寫這本書發行，主要動力就是成為一位優質的媒體社會對話者，點亮自己的心燈，我不想改變任何人，而是改變自己，這叫「自我實現」，也是奧修所說的「法」。

我在一九九八年時，在美國南加州爾灣，完成了自青少年起的生活理想，因為母親在台灣，所以返台參政。

有些網友說，「我的母親名字叫台灣。」這很政治，我是說我的「根」，我的母親在台灣，因為我媽在台灣，他沒有要來美國長住，我在美國女朋友什麼事業都很好，幹嘛要回來？從那邊開始，我媽媽小時候五歲喪母，我很小的時候，她常常表達她小時被欺負的苦，這些是我的「根」，我寫論文，寫維摩詰和永恆少年寫不下去，寫我媽媽，寫下去了，從父子關係中講故事卡住時，講母子關係，談原生經驗卡住時，就拉高或深入一點談信念及情緒，再回來，故事轉內心事，常常和生老病死愛恨情仇、失落、自卑或金錢動機有關。

這本書協助我成為名嘴，不是成為心理傳記中的好手，我不斷地對話前進，毫無選擇，也許是天命，選舉對話必須把資源執行到一個效果，核心及根是優質的社會對話，

感謝國棟大哥允許我在「台灣台北　回家首都」遊行中合照。

誠心及真心的表達與論述，知道主體是誰？對象是誰？系統方向及位置在哪？優質是讓動力的共識產生出來，點亮對話者的心燈。

名嘴之間的對話，常常各自維護，過度防衛、銷售以及攻擊，互相宣稱自己是對的，這沒意義，不確定我如果在鎂光燈前面，既沒有批評，也沒有防守，甚至我沒有在論述，感受對話者的心情和情緒，會發生何種對話氛圍，丹麥式閒聊吧？

在美國或者蔡康永的節目中有看到「即時性」，針對當下對話者的內心動力，例如看到訪談來賓的緊張，就去感受及聊一下緊張，正向心理學不會說「不要緊張」，而會說「放輕鬆笑笑」。我和出版的夥伴談合約，我看到焦慮以及一點兒不高興，就活在當下感受情緒，對話流動以及疏解，這種社會對話是我在實踐的。

有些教育場域，課堂氣氛很正，專注立即當下師生們的心理動力，很多老師只會「教課」，在覆誦作者多年前寫在紙本上的文字，沒有活在現場。幸福對話的惟一重點是「活在當下」。

時間不夠時，要去談一個人的生命是很辛苦的，不是十五分鐘能解決，我們期望不要太高，兩個武士在對劍，會幸福嗎？車馬費才六千元想幹嘛？常常將自己的立場以及價值強加對方，我一定要勝利，獲得更多的名聲，目的若只在這裡，社會對話永遠不會幸福。

我想做更細緻的研究，西方以及日本社會的對話，東方社會的辯經對話，可以政治也可以幸福，台灣不要道貌岸然華儒政治，要全面西化保留傳統精華，就像韓式料理粥品的結尾，餘韻猶存。

我改變自己的同時，進入對話成為一個新的變數，不敢說是影響，放進去，菜色及味總會變了許，對話機制或文化，可以有一些心燈點亮的感覺。

感受我和你之間動力的共識，相互點亮心燈，香港來的朋友，在這個團體對話動力中。理想的政論對話像男女談戀愛、結婚以及生孩子，不能急，有個過程，結晶過程就像寫論文，最後通過口試畢業了。

政論對話無法脫離發言權的鬥爭，戰勝才是勝，幸福是王道，要讓人心臣服，不要短時間內強壓對方一些邏輯或戲劇效果，有時對社會及當事人的傷害是很大的。

對話的目的在前進以及實踐，看效果，權力鬥爭在政論中必然，因為那可能是付六千元的人想要的，它不必然是我在企管系所講的目標，而是心理系中的動力，是內在動力也是外在目標，是不二的，是維摩詰的心燈。我和一位老師結仇的時候說，用三百年來解怨仇，現在我全放下，為著妳我的幸福。這個時空大局的重點在當下的實踐，標

關燈，開燈

今天接淮恩回家後，他跑進了房間，阿嬤跟了進去，淮恩說：「不要阿嬤，要爸爸。」阿嬤喊向外面說，「不要阿嬤，要爸爸。」阿嬤退場了，我進場了，「愛」要懂得「應召」。

今天我兒子倒底要和我玩何把戲？他首先躲在棉被中，我知道他想被我找。我輕輕地喊著說，「阿布弟呢？」他把棉被從蓋在頭上，伸出兩隻小手，把棉被從頭上拉了一些下來，露出了頭說，「在這裡。」又說，「爸爸睡覺。」我看到了他旁邊放了一本故事書，知道他想和我玩枕邊故事的遊戲，我躺在他的身邊，指出故事書中的一些動物，讓他說出了其中一些中英文名稱，他忽然說，「起床了。」就起來，然後去拉了一個小椅子，他踩上了小椅子要去關燈，他去關了所有的燈，沒多久，他又去開了所有的燈，這個「開關燈」的遊戲，他在客廳也會玩。

他在阿嬤房間，多了一個遊戲，就是把收音機打開，同時玩一下收音機上的各個按鈕，開燈，關燈，開收音機，關收音機。
我配合他這些遊戲，同時注意它的安全，以及和他練習溝通，建構小孩子的表達與接收訊息，親子間的訊息解讀，身體語言以及情境的搭配很重要，有一點像是用身體以及語調演出一些戲感，同時搭配一些簡單的語言，孩子們因此將該語言與身心情境作了連結，語言溝通能力便慢慢被建構了。

燈的開與關，是空間中很明確的視覺改變，收音機的關與開，是空間中很明確的聽覺改變，孩子的溝通，從聽與看開始，大人們、老師們、兄弟姐妹們以及同學之間，其釋放的身心聽覺與視覺，其中語言被使用了，因此建構了這個孩子與其週遭人的語言系統，等到他／她漸漸進入了學校或網路世界，他／她才會發展一套與親人間不太一樣的語言，所以，親人之間的語言，我們稱之為「母語」，社會上的共同用語，我們稱之為「普通話」。

開燈，關燈，是和孩子開發感官以及建立溝通能力的好時機，觀察孩子的表達，回應它，重複它，增加表情以及戲劇性，您孩子的感官、表達、溝通以及語言能力，會因此發展了。

籤是有意義的，為的是讓攻防清楚，但不要失去了幸福感。

左統以及左獨都是標籤，快速分類才能確立戰鬥位置，不要在誤解下戰鬥，傷了和氣，戰鬥性對話與幸福對話要分清楚。柯文哲不是柯文哲，柯文哲是談論柯文哲的人所談出來的柯文哲，左統、左獨都一樣，是我們談出來的，阿肥老師說，「不要把我釘在牆上準備打，我還沒這麼容易被你打。」講得好。

有位聯合報出身的媒體人問我，「請問你的言論很像林濁水嗎？」我跟他講，「不要標籤我。」因為馬英九跟習近平見面的時候，所有民進黨人都罵他，只有阿森和林濁水不罵他，我幹嘛罵他？兩岸交流的相關法律，有規定中華民國選出來的總統不能跟對岸的總統密會嗎？標籤可能會引人家來打我，「小鷹」就是一個標籤，仔細讀我的書，你不會打我，您會和我一起丹麥式閒聊、辯經以及幸福對話。

站在思辨的位置，夏老師最會這套了，如果現在要讓蔡森然跳起來，他會講一句說，「你知道你們房地產賺多少錢嗎？」我內心可能就激動起來，或者政大的老師說，「政大全部是你們企管系在當領導！」我就跳起來了！談到我敬愛的老師及父母長輩，就像中共當眾對著我罵民進黨，像我父親為了我阿公入獄服刑一般，是社會對話中的攻防與鬥爭：把你的根，作標籤後攻擊。

對話是戲劇心理，大部分學界沒人會去看我這本書啦！政治界也許比較多，政治溝通的不同觀點，就是本書在便利超商上架的精義，通俗書要寫再簡單一點，要多一點故事，下一本書會改進。

標籤對話是政治鬥爭，也許沒腦袋的不想深入，這是後現代速食真相，後真相政治的特徵。只要本書比政論節目談得好、談得完整，就夠了，這很難喔！你們任何一位做做看，有多少人是花錢要去上政論節目，結果沒有人要給他上去的，實踐才是重點，川普模式就是主體確立的金錢實踐，廢話少講，講對主體的明確利益，先把自己的利益講清楚，這就是川普模式。這本書有此風格，不會謾罵，沒有情緒對立，我該標籤誰就標，也等待您清楚回應，這叫「對話」。

什麼叫小鷹，就是支持小英鷹派，郭倍宏董事長以及陳水扁前總統，是不支持小英的鷹派。人們好奇啦！小鷹站了一個立場，要和台灣的選民對話，媒體對話者不需要中立，要透明自己的立場，大部分人，不管他是左統或左獨，表面上說要花時間說清楚，其實是在閃躲。

政治對話就是權力對話，也可以是幸福的，您看中國和美國對話，柔軟地在談論如何接納川普這位瘋子，哈哈笑的幸福對話。鬥爭就是要戰，也要幸福，不然賺不到錢，

家庭、社會以及國家就不幸福了。夏老師戰鬥第一名，也許被自己訓練出來的高徒偶爾打敗了一小節，這就是真左派的風骨，被學生鬥垮也要堅持真心誠意的思辯。

我和夏老師完全相反，我在論述新潮流鄭家軍，這些槍刀武器和夏老師的兩岸路線站在對立面，用標籤來打仗，時間若充足時，不是好方式，小英這兩個字一出來，馬上被一群人圍著，我是否有時間講清楚，不確定。信義區的特殊營業場合曾經發生，一位警察被眾多年輕人打死，死者生前最後的話語是，「不要急，讓我講清楚。」幸福嗎？很美滿。

論述像在跳舞，有舞步節奏，西藏辯經不是打架，成佛之前要成為有實權的轉輪聖王，我對輔大社文組是感謝的，政治是實踐幸福的最佳途徑，是愛人的藝術，傳承心燈維摩詰法門，要煉，要練，要鍊。

川普的祖先移民至美國，曾經經營特種行業，軍校畢業的他篤信宗教，成為政商媒體界的大紅人，他的根，是否來自於那些健康性交易的產值，川普模式帶領世人看到巨龍如何能被降服，台灣人的心理傳記，其心燈何在？幸福對話給您幸福。

第二十一集　小鷹的幸福對話

小鷹居然會幸福對話，我的兒子和我對話，我的女兒和我對話，我們如何與小英總統對話。

政治不能只是口水和八卦，而是有關幸福的對話，小鷹是有條件支持小英的鷹派，小英已經像是一隻飛不起來的大鵬金翅鳥，左邊被獨派挾持，右邊被統派制肘，尾巴被老共叼住，頭頂是老美的緊箍咒，只有日本比翼而飛，但是日本也自顧不暇了。小鷹全數動員在大鵬鳥的周遭，給予向上以及向前的力量，翻轉三不，拼經濟，台灣幸福國。

陳前總統集結一個對小英政府以及周邊當權者的抗衡體系，也有人認為民視的郭倍宏董事長成立了喜樂島聯盟，是在拉壓小英政權。二〇一八年十月二十號，喜樂島聯盟邀請阿扁前總統，他過去在政界的高度，也許希望是後面的主導者，而不是受邀者，政

治界的合縱連橫，瞬息萬變。

支持小英的姚人多副主委，還有很多泛綠，甚至中間選民，以前的淺藍，很多人支持小英，我把他稱為鴿派，就是合作、和平，儘量不要對立，不要打戰，大家都不想打戰，但是避免對立，有時候太忍氣吞聲，沒有實力，或沒有彰顯實力，或者沒有精確的合作，這些人是支持小英的鴿派，也有一些是反對小英的鴿派，像統派反對小英，主張跟中國大陸合作。

簡而言之，鷹派就是基於主體，對內對外有一個明確的主體向前向上的堅持。鴿派遇到對立，選擇對話、談判、甚或退讓，或不回應。還有一種既不對話，不談判，避免對立，也不堅持實力、堅持主體，就直接投降了，我台灣是你中國的一部分，有人把它稱為「投降派」。

我們建構與創造了一個小鷹路線，就是支持小英的鷹派來參與提倡社會對話的氣氛及技術，不要打口水戰，把話講清楚，講出重點，聽到重點，這是有技術的。天安門事件的學運領袖王丹，這一陣子在自由時報寫了很多有關社會對話的技術跟知識。我們常說就事論事，到底什麼是就事論事?有時候你在跟朋友談事情，或你看政治人物談事情，他們沒有談事情，他們是針對講話的這個人，或他所代表後面的老闆，做人身攻擊，或

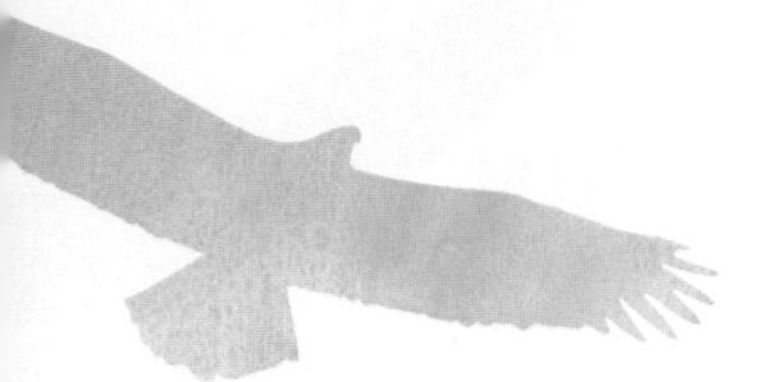

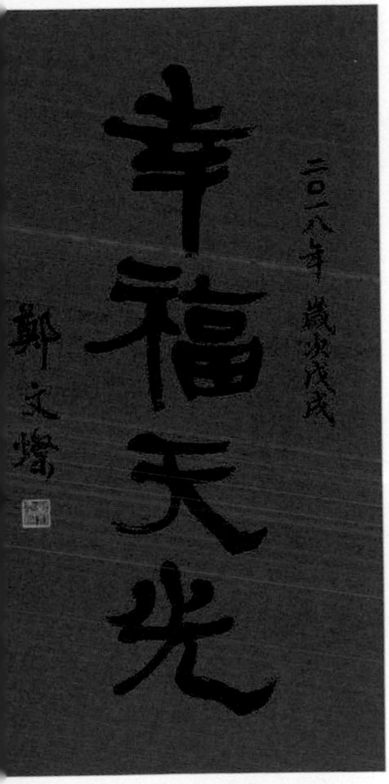

者否定你這個人的能力，比如說，他在跟你談一些對法律的看法，他說你又不是律師，憑什麼跟我講法律看法，這個就不是就事論事，這就是一種直接「針對人」談事情的這種談法。王丹創立一個對話的平台，叫對話中國，是一位優質的社會對話專家，中國中共政權其實也很會對話，我們蔡英文總統宣稱是最會溝通的政府，「對話前進」不能對話半天，都不往前，也不往上，就待在原地不動，三不，什麼都不，改革也卡住了，小鷹的對話位置，就是對話完之後，該怎麼做就怎麼做。賴清德院長執行力很讚，對話不要太多，講的差不多就好了，不管有沒有共識，只要知道須要共識的癥結點在哪，就很不簡單了，執政者要判斷出一種共識，往前走或往上爬昇，不能待在原地，這叫做對話前進，懂得對話前進的政府，才有執行力。

桃園鄭文燦市長寫了一本書《鄭文燦模式》，它不是一本政治書，是鄭文燦先生講他從政歷程，對自己跟對他人的觀察。比如說他觀察陳前總統，觀察宜蘭前縣長陳定南，鄭文燦市長是一位非常有智慧的對話專家，從他在台大的時代，已經很善於溝通協調，他參加學生運動社團，早期是比較偏向國民黨，後來加入了很多自由派，甚至偏左的一些學生，或者所謂黨外路線，這是一種對話技巧，就是用人的理念成份來改變組織的路線，量變產生質變。

他在學運中善於掌握不同派別的意見，有時候他看到大家的意見偏向一邊，他會把中華民國的國旗帶進社會運動現場，這是少有的民進黨的政治領袖，願意在民進黨的立場之外，包容一個最大的公約數：中華民國的國旗。

再者，你看鄭市長在很多的場合，在桃園升國旗的時候，蔡英文總統在他旁邊，他們穿的顏色，常常不是綠色的，而且升國旗時會掉眼淚，後面可能還有孫文總理的遺像，為什麼？那場合是代表國家，不是代表民進黨，所以鄭文燦市長真的很不簡單，他會去照顧眷村老伯伯的利益，不只照顧本土本省的或年輕人的，連任是當然的，四年執政值得所有政治人物來參考，就是一種對話的能力，這種對話就是不預設立場，把各自想法講清楚，然後作為執政者，也不要講太久，該怎麼做就怎麼做。

司法到底改革了什麼？社會課綱過了，教育部長掉眼淚，我也很感動，教育部要做任何的改革真的難上加難，我這邊要提議，教育部長由行政院長提名三人，網路公民票選，讓教育部長有直接的民意，這樣才敢改革，任何執政者要去統管教育部、國防部，

2018 年 10 月 09 日，我去接小兒子下課，他頭上戴著自己作的國旗，很可愛。國旗是最大公約數，台灣生日快樂！

即便這些人不是國民黨籍，他們的思想跟人脈以及利益結構，跟國民黨早期留下來的黨國是一致的，所以要改革教育部或國防部的思想、作風以及利益結構，基本上是難如登天。

當初李登輝前總統用郝柏村將軍來做行政院長，才可以一步一步的改革，這麼多的對話，我們有沒有真的往前進，經濟有沒有真的起飛，或者上升，主體意識有沒有更確立，公民看在眼裡。蔡總統是想改革，但改革無力，那是為什麼？因為我們公民們沒有給他更多的支持，很多被改革的對象，包含促轉會想要改革的對象，是非常頑強的，單靠行政單位去改革是很難的，教育部若由公民直接支持，蔡總統可以借力使力，如同柯P票選勞工局長的作為一般。

台灣的國防，如果美國願意來駐兵，或者美國跟我們討論薩德系統或核彈，我們都應該冷靜討論思考，蔡總統很想平衡，所以默許國防部領導出來說，台灣軍隊不為台獨而戰，但執行主體性要密切的跟美國全方位的國防合作。

美國要派一千名陸戰隊來台灣，後來不來了，不是真的不來，說了一句，「資源有限。」美國正處於中美貿易大戰以及期中選舉的重頭戲中，不想創造任何重大變數，不是真的想把中國打爛，也不想把中國激怒，美國希望馴服中國，留下面子，其他北韓、

伊朗、土耳其，自動會靠過來，現在英國、日本、美國，已經聯合起來，在世界貿易組織中壓制中國，俄羅斯表面和中國合作，其實是想分一杯羹，俄羅斯跟中國簽立了中蘇友好同盟條約，外蒙古就變成蒙古共和國了。中美貿易戰的最後協議，台灣的主體性會被強化。

美中大戰之後，中美友好同盟條約之後，台灣有可能繼外蒙古，成為蒙古共和國般的主體性確立，這是我小鷹派的看法。

到底什麼是幸福對話，就是鄭文燦模式的執行力，政治不一定那麼肅殺，政治可以好好想、好好談，講清楚，落實執行，對大家都有利的，就做了。美國的非暴力溝通，強調以愛為本的社會對話，如果存著愛對話，原諒國民黨，代表社會對話的進步。北歐發生青少年被屠殺事件，社會以愛及對話，試圖理解為何瘋子與社會的主流價值不能併存？

以愛為本，任何的批評批判，都會傷害雙方，很多政論者，看起來很憤怒、很凶，其實演給他的支持者看。這些支持者以及這位政論者的憤怒，代表著受傷的內心，我們好好表達社群的受傷，比表達憤怒來得重要。

王丹的對話中國，講了很多對話的技術，就事論事，專注對話中的社會現象，不要輕易的批判，心中有愛，看清楚心理社會位置，比如說這個人代表新潮流，就很清楚了，或這個人雖然本來是新潮流，現在跟小英走的很近，我們說他是小英旁邊的人，這樣很清楚，或者說這個人後面是朱立倫，或是侯友宜，這個人試圖比較中立學者派，學者上媒體之後，大部分都有立場，這立場很複雜，不是那麼容易說明的，偶爾有金錢介入，媒體人拿錢總是要生存，老闆須要廣告收入，媒體人拿錢和總統府或者國民黨合作，甚至有一些暗地裡跟台商後面的中國共產黨合作，錢是現代資本社會，最大的問題及資源，一旦錢掌控了媒體、司法以及高等教育，很難改革。

日本外交官的死，很多人在罵謝長廷，很多人在挺謝長廷，外交官的死，若不是他旁邊的家人或親近的人，以及專業人士去研究之後，是不知道真正的死因的，說不定他本身就有心理疾患，也可能那一陣子心情不好。應該深入討論，整個日本外交界的人事命令以及管理，駐外外交人員，到底是誰任命的？他的績效是誰在考核？他的左鄰右舍、同事，是不是同一個老闆，同事之間會不會有鬥爭，大阪跟東京之間會不會有鬥爭，不同老闆之間一定會有鬥爭，有沒有是靠關係派外的。一個組織裡面，有很多複雜的心理現象，包含利益、權利、名譽以及身心狀態各類動力，還不知道外交官的死因，就開始口水政治謾罵，這不是幸福對話。

剛過世的楊偉中，其政論對話還不錯，挺理性的。我曾經在國民黨文宣部林奕華主委辦公室，看過楊偉中一次，點個頭，我認為他符合優質社會對話的品質，他生活裡對太太的愛，對女兒的愛，他說陳以真是他遇到的真善美，對家人充滿愛，對社會也充滿愛，以愛對話才能夠產生優質的社會對話，叫幸福對話，即便談政治，也可以很幸福。

政論家中，還有一位美國大人物，剛過世約翰麥肯，以前跟歐巴馬競選過總統，他一個場子上有很多人發言，想要罵歐巴馬，約翰麥肯太有風度了，只要是情緒性的對立，他就說，「不會，歐巴馬是一位很優質的人。」他後面強調會出來競選，是會做一位更好的總統，政策攻防不及人身，他請大家不要怕歐巴馬，還稱讚對手的政治歷練，這是就事論事。

鄭南榕留下一段文字，如果要死一千次，我選擇死在台灣，如果要出生一千次，我選擇出生在台灣，我們講約翰麥肯的死，他對美國有貢獻，我們講楊偉中的死，他對台灣的政論有貢獻。生生死死，死死生生，幸福是關係中的開放對話，我們在關係中付出，在關係中結束，政治可不可以不只是口水，而是有關幸福的對話。

我是阿森老師，政客心理學在講小鷹的幸福對話。謝謝你，請大家勇於參與對話，勇於行動，勇於實踐，勇於提振自己的幸福人生，謝謝。

關係的結束與開始，同等重要。
男士們，當您主動邀約一位女生去看電影要注意，這可能是一段關係的開始。
女士們，當您打扮火辣，接受男伴饋贈，這也可能是一段關係的開始。
無論是男女關係、婚姻關係、親人關係、朋友關係、師生關係、同學關係以及政治關係等等，君子慎始也慎終，不要「始亂終棄」，若真的因緣變化了關係，要充份對話與說明，感恩、感念、道歉、知愛、放下怨仇、避免指控。讓關係在愛中轉化，在愛中結束。

阿森的感謝

我在第二十集時說到，韓國粥品的結尾精華，這一集有關「感謝」，是咖啡、甜點與水果，我們慢慢吃、慢慢讀、慢慢寫。

感謝先父，一位熱情奔放的創業家及男子漢，陳阿姨以我同異母的妹妹Bonnie，Bonnie在數年前，告訴了我美國非暴力溝通，我開始愛上了這一套社會溝通術。感謝我的母親，我三位姐姐，兩位在北加州，一位在台北，我三位姐夫，一位美國人，一位在美華人，一位台灣的彰化人。感謝我外甥以法，在美國的外甥女貝怡以及美怡。

感謝我的岳父陳哲雄將軍、岳母以及我的太太秋婷，秋婷對我對參與政治評論有些焦慮，直到「幸福對話」這四個字出現，她才比較放心，感謝我的女兒珈恩以及兒子淮恩，我愛您們。感謝我的叔叔蔡竹雄先生，他是我們蔡家的領導，感謝嬸嬸，感謝兩位堂姐以及一位堂弟。

感謝鄭文燦市長願意寫序，感謝Hahacat在生活Play中有關丹麥的文章，給了我資訊以及啟發，感謝謝婷婷在風向新聞中有關「真人圖書館」的文章。感謝夏林清老師、丘延亮老師、宋文里老師以及翁開誠老師，感謝心理傳記學會丁興祥老師、繼元、婕甯，第二十章有關宮崎駿的霍爾的移動城堡的對話，是尹鴻章學長帶領的。

感謝謝楠楨老師、林綺雲老師、李玉嬋老師、李佩怡老師、曾煥棠老師以及黃傳永老師。感謝心理劇的老師及同學們，感謝我的諮商師們，那政大的學妹們以及北護的學姐們，還有北護上下兩屆的那些講到我會掉淚的好同學們。感謝我大學的同學簡佩萍，她陪著我瘦了十公斤，感謝佩萍在朝顏的同事子儂、Brandon、念慈以及冠群等等。

感謝媒體前輩國棟大哥，感謝小樹屋以及南京東路一日樂食，感謝師大路星巴克，感謝聖山楊緒東老師，感謝一沙一塵的一心老師，感謝黃建昌老師，感謝聖嚴法師以及陳志良大哥，感謝成觀師父，感謝許添盛老師。
感謝臉友小英女孩吳怡君的可愛插畫。感謝攝影師昭宏，感謝出版專家貓眼娜娜，感謝家詡協助文字整理，感謝嘉爵以及亞譚提供的政治與媒體對話，最後感謝二允兄弟的媽媽：風尚廣告Sara。

感謝書中出現的所有人事物及圖片，感謝我自己的潛意。

小鷹的幸福對話

作　　者：蔡森然
圖書策劃：匠心文創
發 行 人：陳錦德
出版總監：柯延婷
編審校對：蔡森然
美術設計：風尚創意—彭愛萍、陳思宇
信　　箱：cxwc0801@gmail.com
網　　址：https://www.facebook.com/CXWC0801
總 代 理：旭昇圖書有限公司
地　　址：新北市中和區中山路二段三五二號二樓
電　　話：02-2245-1480（代表號）
初版一刷：二〇一八年十一月
定　　價：三八〇元
ISBN：978-986-96927-5-5

國家圖書館出版品預行編目（CIP）資料

小鷹的幸福對話／蔡森然著．--初版．--臺北
市：匠心文化創意行銷，2018.11
面；　公分
ISBN 978-986-96927-5-5（平裝）
1. 台灣政治 2. 時事評論

573.07　　107019284